淘宝直播书

陆雨苗 著

电子工业出版社
Publishing House of Electronics Industry
北京·BEIJING

未经许可，不得以任何方式复制或抄袭本书之部分或全部内容。
版权所有，侵权必究。

图书在版编目（CIP）数据

淘宝直播书/陆雨苗著.—北京：电子工业出版社，2021.1
ISBN 978-7-121-39850-6

Ⅰ.①淘… Ⅱ.①陆… Ⅲ.①网店—网络营销—通俗读物 Ⅳ.① F713.365.2-49

中国版本图书馆 CIP 数据核字 (2020) 第 207473 号

责任编辑：胡　南
印　　刷：三河市鑫金马印装有限公司
装　　订：三河市鑫金马印装有限公司
出版发行：电子工业出版社
　　　　　北京市海淀区万寿路 173 信箱　邮编 100036
开　　本：720×1000　1/16　印张：10.25　字数：178 千字
版　　次：2021 年 1 月第 1 版
印　　次：2021 年 1 月第 1 次印刷
定　　价：68.00 元

凡所购买电子工业出版社图书有缺损问题，请向购买书店调换。若书店售缺，请与本社发行部联系，联系及邮购电话：（010）88254888，88258888。
质量投诉请发邮件至 zlts@phei.com.cn，盗版侵权举报请发邮件至 dbqq@phei.com.cn。
本书咨询联系方式：（010）88254210，influence@phei.com.cn，微信号：yingxianglibook。

前言
PREFACE

在信息化时代,网络技术的发展影响着潮流商机的变迁。4G网络普及之后,普通用户的手机网速有了极大的提高,短视频、直播等以视频形式传播的内容也迎来了飞速发展的春天。如今5G时代已然到来,直播行业的竞争更是进入了白热化阶段。可以说,突破了现有网络条件限制的5G时代的到来,为面临着资本寒冬威胁的直播行业带来了巨大的机遇,但这种机遇本身也伴随着更为严峻的挑战和更多的变数。

从2016年3月淘宝直播频道的正式运营算起,电商直播已经走过4年多的发展历程。纵观淘宝直播的发展历程,2016年刚起步时发展得不温不火,进入2017年之后便迅速升温,再到2018年,淘宝直播已经被放到了淘宝首页下拉的第二个展示页里。其权重不断提升的背后,正代表了淘宝对电商直播模式的认可和重视。除了淘宝外,京东、蘑菇街、唯品会等平台也将直播放在平台上较为显眼的位置。直播之所以能成为被众多电商平台重视的交易模式,其核心在于流量的价值。

每一个进入店铺的用户对商家而言都是一个流量,但并不是每个流量都会产生交易行为。在过去,平均每个流量能在店铺里产生五元钱的交易量就非常高了。而且,这些流量在其下次购物时有90%的概率会去其他店铺进行购买,这就是以前我们常常说的"淘宝的用户是淘宝的,而不是卖家的"。但淘宝直播的出现告诉我们，用户也可以是卖家的，而这个卖家的昵称就叫淘宝主播。淘宝主播们正用数据告诉全网的电商平台，他们直播间里的粉丝们不再是单次消费者，而是以年为单位无限复购的回头客。一个流量在某个店铺产生的交易金额被极大地提高了。

PV（Page View）最早指的是网站的页面浏览量，延伸到淘宝直播领域则是指某一直播间的观众点击量。PV产出比即直播间浏览量与卖货量的比值。在2018年3月的淘宝直播盛典上，淘宝宣布了"双百计划"，即官方精选200名头部主播，希望通过一系列扶持、规划让他们都成为月入百万元的主播。那么，目前淘宝主播"双百计划"的主播入门PV产出比是多少呢？大约为1:3，这也就意味着一个拥有10万人次观看量的主播至少要卖出30万元左右的产品才能在"双百计划"里站稳脚跟。而头部主播的PV产出比大部分都在1:10左右。可以说，能创造巨额的利润是主播拥有较高身价的关键因素之一。

如今，电商变现已经成为互联网产品变现的主要途径。对于电商来说，尤其是淘宝电商，其成败的关键就在于流量。随着电商发展和流量的碎片化，获取流量的渠道越来越多，这也向淘宝主播们发出了新的挑战。在此背景下，如何借力于平台的快速发展，从而获得更多的盈利空间？如何在头部网红主播不断崛起的同时打造自己独特的主播人物设定？如何获取、维护并运营自己的粉丝群体？相信这些问题或多或少都困扰着初入行的新手主播们。在本书中，我们将会结合淘宝直播网络红人的实际运营案例，深入讲解成为淘宝主播的每一个步骤及其成功的关键所在，为读者打造自己的直播间提供行动指南。

目录

- 第一章　如何成为一个主播 / 1
  - 1.1　淘宝直播的四个类型 / 2
  - 1.2　机构主播与个人主播的申请流程 / 3
  - 1.3　如何发起第一场直播 / 9
  - 1.4　后台推流的方法有哪些？/ 18

- 第二章　从零开始打造直播间 / 20
  - 2.1　直播间必备硬件设施的准备 / 20
  - 2.2　直播间灯光调整的小技巧 / 28
  - 2.3　直播间封面图的拍摄技巧 / 36
  - 2.4　直播间画面的设计技巧 / 43
  - 2.5　直播间浮层的视觉效果设计 / 53

- 第三章　偶像时代主播人设的树立 / 59
  - 3.1　偶像时代人设最重要 / 59
  - 3.2　主播人设设计的妙招 / 61

3.3　优秀人设设计案例 / 68

第四章　摆脱枯燥内容——直播内容设计 / 79

4.1　电商平台的内容转型 / 79

4.2　内容电商的本质是什么？/ 82

4.3　直播自媒体如何设计调性？/ 87

4.4　直播内容设计的参考模式 / 94

4.5　不同品类直播的内容脚本设计案例 / 99

第五章　快速提高主播人气——直播间流量运营方法 / 112

5.1　直播间的流量包括哪些？/ 112

5.2　直播间的浮现权是什么？/ 119

5.3　直播时段及标签如何选择？/ 124

5.4　直播间流量不足的解决方案 / 134

5.5　直播间的输赢关键是什么？/ 137

第六章　牢牢抓住粉丝的心——直播间粉丝运营方法 / 141

6.1　从流量到粉丝的转化 / 141

6.2　直播间人群分层与粉丝分层 / 145

6.3　从尬播阶段起不同阶段的粉丝运营 / 149

后记 / 155

第一章
如何成为一个主播

淘宝直播自2016年上线以来，凭借其强大的直播供应链稳居电商直播榜首，这是其他电商平台的直播频道无法相比的。淘宝直播的主播们不断创造销售奇迹。2019年6月18日15:30，淘宝直播宣布带动130亿元成交量，提前完成了"618大促"前制定的小目标。庞大的销售额使得淘宝直播成为当下最炙手可热的直播平台，也使得许多人萌生出成为淘宝主播的想法。

目前，淘宝主播中礼物收益高、粉丝多的主播被称为"头部主播"，是直播行业中收入很高的一批人，如薇娅、李佳琦等。而"腰部主播"指礼物收益不如"头部主播"，但是又比大部分普通主播的收益高的主播。可以形象地将"头部主播"理解为处于收益金字塔中顶端的人，他们虽然数量少，但是却收割了平台的大部分收益。腰部在人体中处于中间位置，所以"腰部主播"位于收益金字塔的中层。至于大多数刚入行的主播，则处于金字塔底端，需要通过努力不断向上爬才能获得更多收益。

在正式成为一名淘宝主播之前，我们需要对淘宝直播平台有一定的了解：淘宝直播有哪些类型？如何申请成为一名主播？发布直播时又有什么注意事项呢？想要了解这些信息并成为一名新手主播，就从现在开始阅读本书吧！

1.1 淘宝直播的四个类型

在成为一名新手主播之前，我们首先需要了解一下淘宝直播有哪些类型。一般而言，我们将淘宝直播分为店铺直播、达人直播、淘女郎直播以及 PGC 直播四类。

店铺直播

顾名思义，店铺直播就是商家的店铺开通的直播。一般来说，淘宝店铺可分为天猫店、C 店和企业店。天猫店铺指的是在天猫平台运营的店铺。C 店是从 C2C 的意义上繁衍出来的。C2C 全称为"Consumer to Consumer"，是个人与个人之间的电子商务，即消费者间的交易行为。因为英文中"2"的发音同"to"，所以简写为 C2C。因此，C 店其实就是个人店铺、集市店铺。企业店铺则指与个人店铺相区别的、以企业名义开设的店铺。目前天猫店、企业店、C 店都可以开通直播权限（部分经营管制类目的店铺除外）。直播效果较好的店铺的商品类目为服装鞋包和化妆品。此外，开蚌直播、翡翠玉石类直播的表现也比较突出。开蚌直播更像是娱乐直播，此类直播的销售形式更类似于 Instagram 上先娱乐后购物或是娱乐之余顺便购物的形式，购物反而成了次级需求，使整个直播过程看起来非常轻松愉快。翡翠玉石类直播是在机缘巧合下才兴起的，这类直播所销售产品的价值较难度量。这类淘宝店铺能在直播中大火，甚至出现了月销售额高达数千万元的店铺，这是许多人始料未及的。

达人直播

达人直播是目前淘宝直播的主力军，由此也催生出许多专门的达人机构。类似于正规军的达人主播在淘宝内容生态中占据了重要的地位。此前，淘宝内容团队的流量基本都集中在少部分内容生产者身上，这便造就了淘宝头部主播薇娅年收入高达 3000 万元、年销售金额突破 7 亿元的惊人业绩，也使得后来者趋之若鹜，跟进者纷纷入局。

淘女郎直播

"淘女郎"这三个字已经淡出淘宝多年，其前身是淘宝的麻豆频道。"麻豆"即英文"Model"的谐音，是早些时候淘宝为了解决卖家找不到模特拍照的问题而专门推出的频道，后改名为"淘女郎"。后来随着电商摄影行业的高速发展，"淘女郎"也逐渐淡出了大众视野。但现如今淘宝直播在内容化进程中又出现了商家找不到好主播，直播机构找不到好的网红苗子等问题。"淘女郎"此时重回大众视野，就是为了向商家提供代播服务以及方便直播机构对接优质主播。

PGC 直播

PGC（Professional Generated Content）即专业生产内容，是指由传统广电业者按照几乎与电视节目无异的方式进行制作，按照互联网的传播特性进行传播的内容。由地方电视台、新闻媒体和专业内容机构组成的 PGC 直播是淘宝向电视购物直播模式的探索，目前已经有数百个 PGC 节目在淘宝直播频道上进行直播，其中不乏像《我是大美人》《素人大改造》等拥有优质内容的节目。

1.2 机构主播与个人主播的申请流程

对于新手来说，决定成为主播后需要迈出的第一步就是申请注册一个主播账号。在申请账号时，新手主播需要注意哪些问题呢？下文将为您详细介绍。

申请主播账号需要具备哪些条件？

为了规范直播平台的管理，淘宝对主播申请设置了一些准入门槛。俗话说，"知己知彼，百战不殆"。在申请成为一名新手主播之前，我们首先需要了解成为主播应该具备哪些条件。一般而言，刚入行的主播可以选择成为机构主播或个人主播，但二者的必备条件略有不同。

对于机构主播而言，其申请条件如下：第一，要具备一定的主播素质及能力；第二，要有一个已绑定支付宝且通过实名认证的淘宝账号；第三，申请者需入驻阿里创作平台成为达人，且账户状态正常；第四，淘宝账号未在淘宝开通店铺。

以上四点至关重要，其中第四点尤为重要。如果想申请成为机构主播，申请者的淘宝账号是不能开通淘宝店铺的。对于以前开通过淘宝店铺的账号，则需要关闭店铺，并将店铺里的所有商品下架。淘宝工作人员会对此进行审核，用时大约为 3～6

周。待店铺成功关闭之后，就可以申请成为机构主播了。

对于个人主播而言，其申请条件与机构主播的入驻条件大体上是一致的，只是多了一个要求：达人账号等级至少需达到二级。这意味着申请者首先需要开通达人账号并对其进行维护，如经常发布微淘动态、与粉丝互动等。等达人账号等级达到二级时，就可以申请成为个人主播了。以上就是申请成为机构主播和个人主播的必要条件。

机构主播如何开通直播账号？

对于想要成为机构主播的申请者而言，应该如何开通直播账号呢？申请者需要和淘宝合作机构签约，并签署主播经纪合同。签署合同之后，由机构收集主播的身份证号、ID等个人信息，并在后台发起绑定申请。成功绑定机构后，申请者就拥有了成为机构主播的资格，可以开通直播账号，进入淘宝主播入驻的审核阶段。以上流程基本上是由淘宝合作机构在后台进行操作的，在此就不再赘述了。

如何开通达人账号？

对于想要成为个人主播的申请者而言，必须先开通达人账号并维护至二级才能申请成为主播。开通达人账号看似简单，但对于刚入门的主播而言，其中的一些选项难免会让人产生疑惑。以下是开通达人账号的详细攻略：

开通达人账号的第一个环节是选择账号类型。在电脑端打开阿里创作平台后，会出现这样一个页面（如图1.1所示），单击"开通"按钮，使用淘宝账号和密码进行登录。登录成功之后，就进入到选择开通账号类型的页面（如图1.2所示）。该页面有"微淘号·达人""微淘号·商家""品牌号"三个选项，单击"微淘号·达人"选项。随后，就进入了第二个环节——检测账号（如图1.3所示）。申请者的淘宝账号需要同时绑定支付宝账号和身份证号并通过支付宝实名校验。需要注意的是，所绑定的身份证号必须是年满18周岁的公民的。每个符合要求的身份证号都有且只能开通一个创作号，且达人账号所有者的身份证需要与绑定的支付宝账号所有者的身份证保持一致，否则将无法通过角色认证的环节。达人账号开通后，其关联的旺旺账号若解绑支付宝账号，则将被限制使用平台功能，直至重新绑定支付宝账号。

图 1.1 阿里创作平台页面

请选择开通的账号类型

图 1.2 选择开通账号类型的页面

完成第二个环节后，就进入了完善账号信息的环节。单击"下一步"按钮后，我们就进入到填写账号基础信息的页面（如图1.4所示）。在填写基础信息时，需要注意，"账号名称"就是给自己的达人账号取个名字，这个名称是可以更改的，开

图 1.3 检测账号页面

图 1.4 完善账号信息页面

播以后可以改成符合主播人设的新名称;"账号头像"建议选择肩部以上取景的个人近期图片;"账号简介"即介绍自己的简短文字。

完成基本信息的填写之后需要勾选"我已阅读并同意《阿里创作平台合作协议》"复选框,随后再单击"开通"按钮。提交以上信息后,达人账号即时成功开通。达人账号开通之后,需要申请者时常发布微淘动态,这将有利于申请人开通直播账号。同时,达人账号的等级越高,开通直播后所享有的权限也就越大。

个人主播的账号开通流程

在达人账号等级达到二级以后,就可以申请成为个人主播了。在此需要说明的是,申请者在自身拥有一定的粉丝数量的基础上再申请进入淘宝直播行业相对会容易一些。比如申请者的微博粉丝数超过5万人,或是最近七天内至少有一条微博的评论数或点赞数超过一百,抑或在抖音、快手、小红书等其他平台的粉丝量超过4万人等,淘宝平台十分欢迎这样的申请者成为主播。

开通个人直播账号可以在手机端进行申请。首先,申请者需要在手机端下载淘宝主播App(如图1.5所示),下载成功后进入首页,登录自己的淘宝账号。在申请成为主播的页面(如图1.6所示)选择"达人入驻通道"。

进入个人主播入驻的申请页面(如图1.7所示)后,需要填写申请者的基础资料,如"添加头像""昵称""介绍自己"等。"昵称"指申请者的ID,每15天可修改一次。不过在此并不建议大家频繁修改昵称,这样不利于粉丝的积累。在"介绍自己"

图1.5　淘宝主播App图标

图1.6　主播申请页面

图1.7 个人主播入驻申请页面

一栏中，建议填写72个字符以内的介绍自己的一段话。基本资料填写成功后，可以绑定自己的微博，这有利于更快地通过审核。如果能绑定粉丝数量达到5万以上的微博账号就更好了。

在"更多照片"一栏中，最好上传高清照片，并尽可能地展现出自己的形象、气质以及风格。如果准备成为美妆类的主播，图片要尽量展现精致的妆面，头部占整个照片的比例多一些；如果想成为服装主播，除了展现高颜值，还要尽量展现身形比例、穿搭风格。值得一提的是，现在很多人都喜欢对镜自拍或遮挡面部自拍，这样的照片不太适合在申请入驻时展现。

在"生活视频"一栏中需要申请者录制一段60秒以内的介绍视频，视频文件不要大于3MB。这一视频应尽量全面地展示申请者的口播能力，可以先做一下自我介绍，再介绍一件或多件产品。同时，申请者要展现自己良好的控场能力，口齿要流利，思路应清晰，也可以在视频里尝试和粉丝进行一些互动，尽量体现自己的性格特点，多以笑容展现自己的亲和力。以上这些都是视频拍摄的小技巧。另外，也要注意多项细节，比如视频录制时的背景、环境、光线，以及主播在视频里的状态等，这些都是需要申请者去把控的。

视频通过审核之后，会进入到主播基础规则考试。考试规则和机构主播的考试规则是一样的，总共20道题，只要达到90分以上，就可以成功开通账号，正式成为一名主播了。同时，在规定的时间内可以重复答题，直至分数合格。尽管考试中的所有题目都可以在网络上找到答案，但如果要想成为一名淘宝主播，还是应该了解淘宝直播的各项规则，这对后续的直播会有极大的帮助。

1.3 如何发起第一场直播

直播账号开通之后，相信各位新手主播都已经跃跃欲试，迫不及待地想要开启人生中的第一场直播了。在这一部分内容中，我们将学习如何发起一场直播，其中可以分为三个部分：发布前的准备工作，如何在电脑端发起一场直播，以及如何在手机端开启直播。

发布直播前有哪些准备工作？

首先，我们需要确保有稳定的无线网络或 4G 网络。如果网络质量不好，会在直播时造成卡顿，影响观众观看视频的效果；因此，稳定的网络是成功开启一场直播的首要因素。其次，我们需要下载或更新到最新版本的淘宝主播 App。如果是用手机端发起的直播，还要确定淘宝主播 App 拥有手机麦克风及摄像头的使用权限。最后，在允许的条件下还可以加配补光灯及防抖效果，以保证直播达到最佳效果。以上就是发布直播之前所需的准备工作。

如何在电脑端开启直播？

准备工作完成之后就可以开始直播了。使用电脑设备进行直播时，首先要登录中控台后台，单击"发布直播"按钮后，可以看到"普通直播"和"VR 直播"两个选项（如图 1.8 所示）。目前，"VR 直播"还没有上线，新手主播可以选择"普通直播"，进入下一个页面。

在这个页面（如图 1.9 所示）中，我们需要选择直播形式：在"直播活动"的选项里勾选"日常直播间"。在"直播画面"的选择上，有竖屏和横屏之分。一般来说，建议主播们选择竖屏，因为大部分粉丝是通过手机竖屏观看直播的。那么，什么时候要选择横屏呢？一般是在举办一些线上活动，需要用到特别大的场景来进行录制的时候才会选择使用横屏画面。

图 1.8 发布直播页面

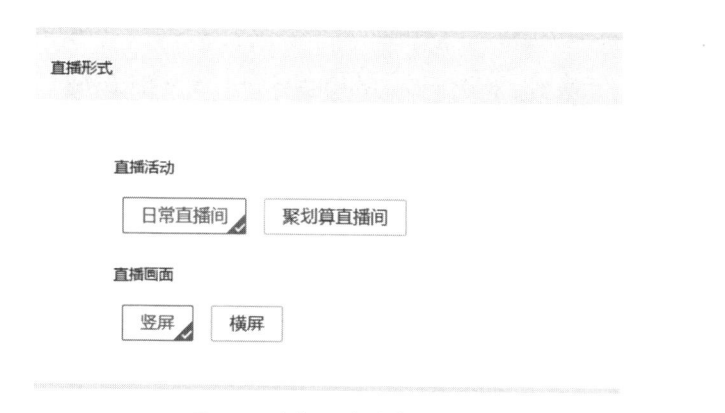

图 1.9 直播形式选择页面

选择好直播形式后,需要在随后的页面填写直播信息(如图 1.10 所示)。其中第一项内容就是选择"直播开始时间"。直播时间有两个选择:"现在开始"和"设置时间"。"现在开始"指的是立刻开启一场直播,要求在完成直播信息填写后的十分钟之内开始直播。如果短时间内无法开始直播,只是想要预先填写直播信息,可以在"设置时间"一栏中选择打算直播的时间。如果选择了"设置时间",主播需要上传一段直播预告视频,预告视频的画面比例应为 16:9,时长在 12 秒左右即可,视频上传后一般需要 2 个小时的审核时间。

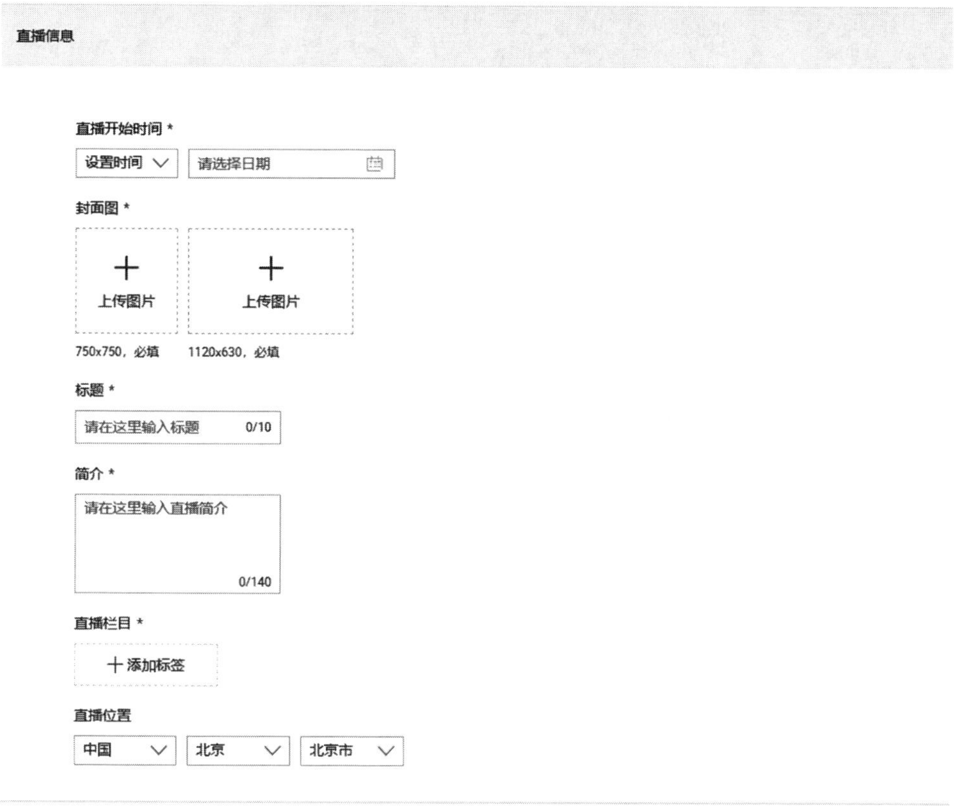

图 1.10 直播信息页面

其次,主播需要上传两张不同规格的封面图。其中一张是像素为 750×750 的正方形图片,另一张是像素为 1120×630 的长方形图片。直播间封面图是组成一场直播的重要外部展示因素,需要遵循淘宝直播平台的相关规定:图片清晰,不要掺杂其他文字或者其他信息;图片内容可以是主播照片或者跟直播主题相关的内容;图片应尽量显得高级有档次,不宜过于花哨;注意图片中不要出现文字,不要图解图片,图片四周不留白,不要粘贴其他元素,要按照规范打标等。

淘宝直播平台规定直播的标题要和直播的内容相关,同时避免出现"秒杀""清仓"等违规字眼,且最好控制在 10 个字以内,最多不能超过 16 个字。一个好的标题能够瞬间吸引观众的注意,是影响直播间流量的重要因素。标题的内容可以切中粉丝工作生活中常见的场景，让粉丝产生共鸣，也可以体现主播的人设或特点。此外，直播间的相关活动、优惠信息等内容都可以在标题中体现出来。标题的字数要尽量精简，突出重点。新手主播平时可以多关注和收集其他直播间的有趣标题，通过量的积累实现质的飞跃。

在"简介"一栏中，可以填写主播的自我介绍，简单介绍自己是什么类型的主播。同时，也可以介绍一下当天的直播内容有哪些、粉丝在直播间可以学到什么或得到什么，以及直播的产品信息、优惠力度、风格特色等。"简介"部分的字数应控制在 140 个字以内。

"直播栏目"即直播类型，如美妆类、美食类、珠宝类、全球购等。相信大家在申请成为主播之前就已经明确了自己要做什么类型的直播。在确定了要做的直播类型之后，主播可以在此选择相应的类型添加为标签，系统会根据类型为你分配流量。

"直播位置"一栏只需要根据直播时的真实位置进行填写即可。

在"直播宝贝"这一部分，我们需要将宝贝链接添加到这里。点击"添加宝贝"即可进入直播宝贝页面（如图 1.11 所示），选择第一个选项"宝贝链接"，将直播

图 1.11　直播宝贝页面

中需要介绍的宝贝链接粘贴在这里，点击"获取宝贝"，就可以将宝贝添加进来。如果宝贝图片右上角的勾显示为橘红色，就证明这个宝贝链接已经添加成功了，如果勾是灰色的，再点击一下宝贝即可成功添加。

在选择宝贝链接时需要注意，一定要选择与自己有合作的商家的产品链接，不要误选其他商家的产品链接，不然即使成功销售也难以拿到佣金。如今淘宝平台上销售同一产品的商家有很多，如果一不小心弄错了，将会给主播造成损失。比如，某主播和滋色旗舰店有合作，应该在直播中推荐滋色旗舰店的黑管口红。当主播在淘宝中搜索滋色黑管口红时，会发现除了滋色旗舰店之外还有很多店家也在卖这款口红，如果一不小心选择了其他店铺的口红链接，由于主播和其他店铺并无合作关系，因而也就无法得到报酬。如果主播觉得手动复制每一个产品的链接太过麻烦，有一个更便捷的方法——利用收藏功能。主播可以在开播前把需要推荐的产品添加到自己的淘宝收藏夹中，然后在"添加宝贝"时点击"收藏"一栏，勾选需要用到的产品链接并点击确认，宝贝链接就添加成功了。如果是新手主播，刚开始接到的产品不多，建议大家在发布直播预告时就把所有的宝贝都添加进来，系统会根据添加的产品提前为直播匹配合适的流量。比如，系统会将部分收藏过这些商品、买过这些商品、可能会对这些商品感兴趣的人匹配到这个直播间，这对提升直播间的流量是有帮助的。

完成以上所有的内容后就可以点击发布直播预告了，此后会进入到中控台操作页面（如图 1.12 所示）。在正式开播前，主播需要把当场直播所需要的东西（比如所有的优惠信息、商品信息等）准备好，这样能方便主播在直播的过程中有条不紊地介绍这些产品。

在直播过程中，中控台可以实时看到在线人数以及观看的指数。通过了解在线人数，主播可以采取一些相应的措施把控直播效果。比如，若当前的在线人数较多，可以通过开展一些活动来吸引粉丝；若直播间的在线人数骤然下降，就要反思自己刚才讲的话题是不是没有吸引力，这个时候需要主播赶紧换个话题或者是换个产品来介绍。由此可以看出，了解直播间的实时数据对把控直播效果来说是很有帮助的，主播要学会观察这些数据的变化并及时做出反应。除此之外，中控台的功能还包括：

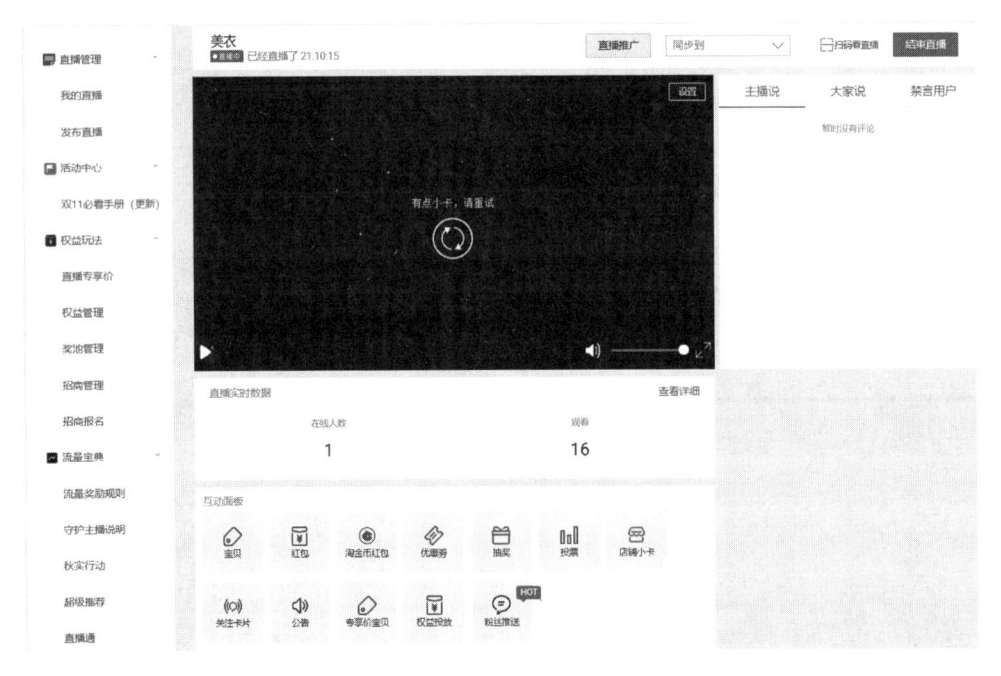

图 1.12 中控台操作页面

查看直播权限和浮现权，发布优惠券、淘金币、红包、店铺卡片，开展抽奖活动，等等。要结束直播时，单击右上角"结束直播"的按钮即可。

如何在手机端发布直播？

在电脑端发起直播的优势是设备较稳定，直播效果好。然而，现如今越来越多的主播需要走出直播间，在户外进行直播。这个时候，轻便快捷的手机端直播的优势就显现出来了。那么，在手机端发起一场直播的流程又是什么呢？

首先需要注意的是，目前能够支持发布直播的手机机型有：ios 系统的手机、安卓系统里的公开版三星 S6、移动版三星 S6、电信版三星 S6、S5Edge+ 等。在进行直播之前，一定要确保自己使用的手机机型是支持发布直播的。其次，主播要在手机中下载淘宝主播 App，登录自己的账号之后选择"发布直播"，按照系统要求填写相应的直播信息即可开启直播。

如图 1.13 所示，在填写手机端直播的信息时，我们需要注意：在手机中发起直播需要两张长宽比分别为 1:1 和 16:9 的封面图。在手机端发起直播比在电脑端发起直播的要求更简单一些，只要图片符合规定的比例即可。如果主播准备的图片不符合规定比例，同样可以把图片添加进去，系统会自动对图片进行裁剪，非常方便。

同时，手机端直播类型的选择与电脑端一样，一般选择竖屏直播，这主要由于大多数观众都是用手机观看直播的，竖屏能给观众带来更好的观看体验。

此外，直播标题不能超过 16 个字，最好将标题控制在 10 个字以内。

手机端直播的内容简介与电脑端直播的相同，可以是主播的自我介绍、当天直播的产品信息以及这些产品的优惠力度等。

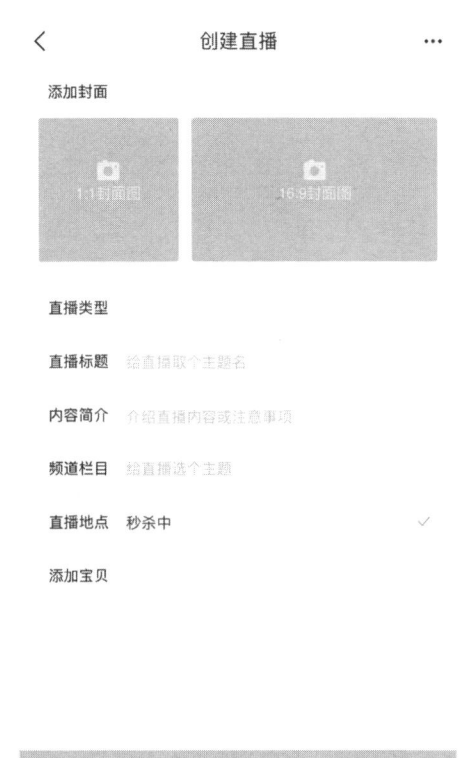

图 1.13　手机端直播信息填写

"频道栏目"是指当前已经确定要进行直播的直播类目。需要注意的是，如果服装类的主播打算在直播时介绍一两件美妆类的产品，在选择直播栏目时还是要选择服装类的栏目。按照规定来说，淘宝主播除了自己选择的类目产品之外，也可以推广其他类目的产品，只要"宝贝口袋"里的其他类目产品的数量在总产品中的占比低于 20% 即可。

直播地点依旧是根据直播时的实际定位来选择的。

在手机直播端添加宝贝时，依然推荐大家把准备放到直播间里的产品提前放在收藏夹里。主播们也可以先将产品放在购物车中再添加到直播间。不过，购物车的产品存放数量有限，只能同时存放 120 件产品，而收藏夹则没有这样的限制。所以建议大家把打算直播的产品都添加到收藏夹里，这是最便捷的添加直播产品的方式之一。这样，当主播发起直播预告时，就可以统一在收藏夹里选择产品了。

在以上所有的操作都完成之后，就可以点击进入到直播页面。此时会出现两个选择，即普通直播或高清直播，二者都是可选项，主播可根据网络的稳定程度来选择。在网络足够稳定的情况下，建议大家尽量选择高清直播，因为普通直播所呈现的画面像素没有那么高，并且还有可能出现分辨率低的问题，使画面看起来模糊不清，影响观众的观看体验。

直播创建成功之后，将会进入到直播界面（如图1.14所示）。直播界面的左上角有一个"直播中"的标志，其右侧的"00:06:30"指直播的时长。建议主播们每场直播尽量保持在两个小时以上。观看数是累积的，指整个开播的时间段内进入直播间的总人数。也就是说如果有一个观众进入直播间后退出了，再进入直播间，就会被计为两次观看。点击观看数就能切换成当前的在线状态，即当前有多少人在观看直播，主播可以根据在线人数在直播间实施一些相应的措施来吸引粉丝。

页面左下角有一个购物袋形状的"宝贝口袋"，点击之后就可以添加宝贝了。添加的时候会出现一个红色的购物袋，这是"录制讲解"的标志，即添加产品链接之后可以为这个宝贝录制一段视频讲解。宝贝讲解视频只能用手机来录制，限时60秒。

图1.14 手机端直播页面

在手机直播页面左滑，可以看到实时的直播数据，如累积观看量、当前在线人数、参与直播互动的人数、点击产品的人数等。其中，观看时长是一项非常重要的数据。在手机直播页面右滑，可以看到直播预告时填写的信息，以及直播印记。直播印记是指在直播的时候发送一些产品的信息，直播印记目前只能用中控台进行发布。主播打算下播时只需要点击右下角的"结束直播"，系统会显示本场直播收获了多少个赞，以及有多少观看数，并结束直播。

电脑直播 PK 手机直播

PC 端直播和手机端直播有什么区别呢？这可能是很多新手主播比较好奇的问题。许多人可能会觉得在手机端进行直播更方便、更容易操作，这是二者的唯一区别。事实并非如此。

首先，PC 端直播和手机端直播所呈现的画质相差甚远。PC 端直播可以使用独立的高清摄像头，画质更清晰。主播介绍产品的时候，观众看到的画面越清晰，销售效果也就越好。PC 端直播和手机直播的吸光度也不一样，而且 PC 端使用的高清摄像头还会具备一些美颜、美肤的功能，会让直播效果更好。

其次，在 PC 端可以进行一些用手机端完成不了的中控台操作。比如，可以通过 PC 端操作中控台把"关注卡片"推送给观众，观众点击关注后就可以成为主播的粉丝。直播印记也是通过中控台进行操作的。此外，中控台还有一个十分重要的"禁言"功能。如果有些无理取闹的人在评论区对主播进行抨击或提出质疑，主播就可以对他使用禁言功能。综上可以看出，PC 端比手机端具备更多的功能，能更好地辅助直播。而且使用 PC 端进行直播时，淘宝会提供流量扶持，会给直播间更多的浮现权。当然，手机端也有一些 PC 端不具备的功能，如屏幕直播镜像功能等。不过综合来看，还是 PC 端的直播效果更胜一筹。

那么什么时候适合使用手机进行直播呢？一般是主播在户外或者出差时。此外，当主播没有足够的时间进行一场完整的直播，但又想增加自己跟粉丝的互动频率，这时也可以选择用手机进行直播。

1.4 后台推流的方法有哪些？

有很多新手主播并不了解什么是推流。就其定义而言，推流指的是把采集阶段封包好的内容传输到服务器的过程。简单来说，就是主播们平时录制直播只是在进行视频录制，而把这段视频传输到网上，让更多人看到的过程就是推流。

推流对网络的要求比较高，如果网络不稳定，直播效果就会很差，观众观看直播时容易发生卡顿或者屏幕出现"雪花"，导致观看体验不佳。这也再次证明了良好的网络信号在直播中的重要性。

电脑端直播怎么推流？

在电脑端直播进行推流时，首先需要下载一个推流软件。一般来说，MAC 版本的推流软件适用于 IOS10.13 及以上的电脑系统，Windows 版本的推流软件适用于 Windows 7 及以上的电脑系统。另外，需要注意一下电脑的相关配置是否达到既定要求。

此外，主播也可以进入淘宝直播页面，点击"设置"来选择推流方法。在直播页面的右上角有一个"设置"按钮，点击之后选择"PC 端工具开播"。这里也有 Windows 版本和 MAC 版本的推流软件可供下载，下载成功之后就可以立即启动了。

推流软件启动之后（如图 1.15 所示），桌面会弹出一个淘宝直播的登录窗口（如图 1.16 所示），需要填写主播的淘宝 ID 及密码（也就是绑定身份证号的账号及密码）。登录成功后，会出现直播列表窗口，选择需要推流的直播场次并点击确定就可以进入推流界面了。

完成所有设置以后，可以点击右下角的"开始推流"，当前拍摄的所有视频内容都会被传输到中控台。主播用中控台操作时可以预览直播效果，看看自己所处的位置是否适中、光线、背景以及摄像头的角度是否需要调整等。这些问题全都解决后，就可以正式开始直播了。

使用推流软件后，主播在结束直播的时候，一定要记得关闭推流软件，即点击"结束推流"。因为长时间的推流会导致电脑卡顿，所以不仅主播上播的时候要记得打

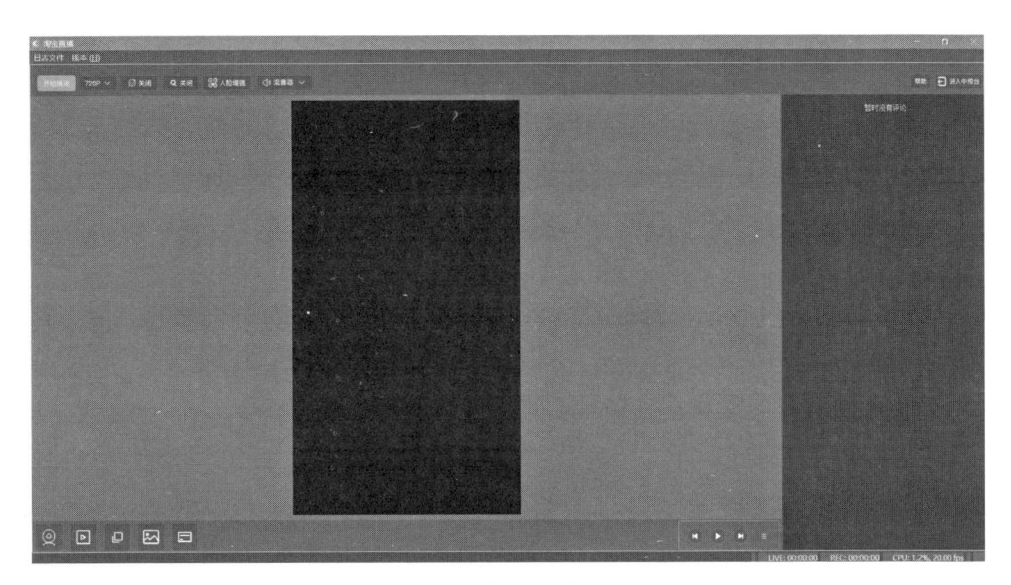

图 1.15 推流软件页面

开推流，下播的时候也要记得关闭推流。

手机端直播如何进行推流？

在手机端进行直播时，如果要进行推流，依旧需要主播在 PC 端打开设置，选择"手机扫码开播"。然后打开淘宝主播 APP，用右下角"扫码开播"扫描显示器上的二维码，就可以进入到手机开播的直播页面，同时仍旧根据自己的网络情况来选择高清直播或普通直播。扫码成功并选择清晰度后，推流的步骤就已经完成了，可以正式开播了。

手机端的推流仍旧需要在电脑端进行设置，与电脑端的操作方法相差无几，在此只做简要介绍，主播们可以参考电脑端的操作方法进行操作。

图 1.16 登录窗口页面

第二章
从零开始打造直播间

• • •

古人云："工欲善其事，必先利其器"。在进行淘宝直播之前，直播间的硬件设施以及装饰风格的选择对于新手主播而言是十分重要的。对于没有直播经验、没有经过专业培训、没有专业运作团队的新手主播来说，选择合适的硬件设备、确定直播间的基础布局与装修风格是很有挑战性的事情。尤其是预算有限的新手主播，如何才能最合理地购置直播必需品呢？读完这个章节，相信这些问题都可以迎刃而解。

2.1 直播间必备硬件设施的准备

一般来说，我们可以将直播间必备的要素分为声、影、网、光、景五个方面。顾名思义，"声"指的是麦克风，"影"指的是摄像头，"网"指的是网络，"光"即直播间的灯光，"景"是直播间的装修布局。

声和影

首先要说的是声和影。声和影，实际上也就是指摄像头和麦克风。之所以将这两个方面结合在一起，是因为目前市面上所售卖的设备中，麦克风和摄像头基本上都是一体式的。在此,我们将市面上常见的摄像头与麦克风分为了三个等级供大家参考。

第一个是"平民版"设备,即智能手机。智能手机自带的前置摄像头和麦克风可以作为我们的直播设备。在使用手机进行直播的时候,建议使用IOS11及以上的系统,不太建议使用自带美颜滤镜的手机。为什么呢?虽然使用自带美颜滤镜功能摄像头的手机会使主播的肤色及皮肤的整体状态变好,但是在连接淘宝直播进行后台推流时,受网速和推流的影响,直播时上传的图像会出现画面模糊或不稳定的现象。因此,一般不建议新手主播使用自带美颜滤镜效果的手机进行直播。

第二个是通用终端版设备,即高清摄像头。这一等级的设备也可以称为通用中高端版设备,是目前淘宝直播中最常用的设备。在此推荐罗技C920和不得不二C920这两种型号的产品。二者相比较而言,罗技的C920较常用于淘宝直播,不得不二的C920较常用于一些娱乐平台的直播。这一类型的高清摄像头自带的麦克风收音效果也很不错,已经可以满足淘宝直播中"声"和"影"的基础需求。

第三个是"土豪版"设备,使用的摄像头是专业级的直播相机、直播机身,加上一个变焦摄像头。在这里给大家推荐的是eyemore的摄像机和奥林巴斯14-42的短距变焦头,使用这样的设备拍摄的画面能更真实地还原直播间的场景,并且所拍摄的画面出现的色差也会比较小。这两个设备另外的一个优点就是相机和镜头是可以调节色温的,当室内灯光达不到直播要求的时候,还可以通过相机来调节。而且,这个型号的摄像机机身也比较小,方便携带,搭配变焦镜头之后,上镜比较显瘦。此外,它的自动对焦速度也比较快,画面锐度很高。不过,如果使用这一款设备,麦克风是需要另外配置的,可以搭配市面上比较常见的电容麦克风。电容麦克风的声音效果非常好,性价比很高。

介绍完以上三种等级的"声""影"硬件设备,我们来看一下不同的摄像头呈现出来的直播间效果有什么不同。

第一张直播间效果图(如图2.1所示)是用手机前置摄像头作为主摄像头所呈现出来的画面。用手机前置摄像头作为淘宝直播的摄像头的好处是:能够帮助主播对焦眼神。但是通过这个图片,我们可以看到成像画面整体清晰度不高,主播身后的灯光也过曝了。此外,图片的色彩失真比较严重,图中主播穿的那件白色外套其实是有一定色差的，甚至在主播移动的时候，还会出现诸如卡屏、卡顿的现象，导致观众的观看体验十分不好。

第二张直播间效果图（如图2.2所示）是用通用终端设备所呈现的画面，也就是最常用的罗技C920摄像头所呈现出来的画面。可以看出，在搭配环境灯和干净的基础场景的前提下，整个摄像头的成像质量还是很不错的。这一类型的摄像头有内置麦克风，能够满足服装类、美食类等一些室内直播的基本收音需求。而且搭配各类推流软件后，其成像效果也比较稳定，色彩也不会失真。连接电脑后，也可以在软件后台设置一些简单的数值，比如亮度、对比度或饱和度等，基本可以满足大部分直播间的效果呈现需求。

第三张直播间效果图（如图2.3所示）是用"土豪版"设备呈现出来的。主播使用的是LM摄像机，加上一个电容麦克风。相比较而言，这样的配置更适用于美妆类或者生活类等一些需要长期坐在镜头前面讲解产品的直播类型。这类摄像头可以调节成像色彩、亮度和色温，成像质量好。同时，其自带的麦克风在主播讲话时会自

图2.1 "平民版"设备效果　　图2.2 通用终端版设备效果　　图2.3 "土豪版"设备效果

动降低噪声，减少整个空间的回声，从而使主播讲解起来更加轻松。

此外，还可以通过同一灯光下不同的设备呈现出来的不同的成像效果，来进一步对比通用终端设备和"土豪版"设备的区别。

图 2.4　罗技 C920 摄像头　　　　图 2.5　专业摄像机

图 2.4 是罗技 C920 的摄像头，使用这一摄像头后，整个环境以及直播间的灯光还是偏暗的。图 2.5 是专业摄像机。对比来说，在同一个场景中，使用专业摄像机拍摄的画面整体灯光氛围被提亮了，也有一点虚焦后背景虚化的效果。所以说专业的摄像机和普通的摄像头还是有很大差别的。罗技摄像头的好处是能够更真实地还原整个直播间的灯光效果，而专业级的摄像头则可以在原有的场景以及灯光下提升画面效果。

网络

接下来要介绍的是直播对网络设备的要求。首先是电脑。其实，淘宝直播对电脑的要求不算特别高，但有一个基本要求，就是要选择配置 intel i5 及以上的处理器的电脑，以避免直播过程中出现卡顿的现象。所以，对于直播时使用的电脑，其操作系统建议使用 Windows 7 或者 Mac OS X，处理器应该用 intel i5 及以上，最好是 intel i7，主频率在 2.0 GHz 以上。

另外一个影响直播的要素就是网速。新手刚开始直播的时候，可能会觉得淘宝直播对网速的要求不是很高，但是到了后期观众大幅度增加之后，网速的好坏会直接影响观众在直播间的停留时长。因此，一个稳定的网络环境对于直播而言也同样非常重要。一个稳定的网络可以让整个直播过程更加顺畅,让直播的延时效果更短。同时,直播间的后台也会更加清晰,可以更高效地监测直播的实时数据变化,方便工作人员及时调整直播间的产品和活动。建议直播时使用的网络至少要在带宽 100 Mbps 以上。此外,在进行淘宝直播的时候,不建议在直播设备端同时开启其他视频画面、游戏画面等。

灯光

接下来说说直播间的灯光。灯光可以让整个直播的效果变得更好,对主播起到美白皮肤的作用。一般来说,直播间通常会用到三种灯型:一个是主灯(如图 2.6 所示),一个是补光灯(如图 2.7 所示),还有一个是背景灯(如图 2.8 所示)。

主灯的配置是打造整个直播间室内光线的第一步,主灯承担着直播间整体空间的主照明作用,可以使主播的脸部受光均匀。补光灯通常是环形灯或方形灯,其作用是辅助主灯的灯光,增加主播面部的立体感和人物形象的轮廓感,同时起到局部打光的作用。背景灯又称为环境灯,用于背景空间的照明,能够尽可能地统一整个直播间各个角落的亮度,让整个室内光线均匀。但是需要注意的是,背景灯的设置应尽量简单,切忌喧宾夺主。主灯灯光建议以冷色调的灯光为主,中性光亦可。主灯的功率一般在 100 W 左右。建议多用射灯和筒灯来搭配环境灯和其他的补光灯,

图 2.6 主灯 　　　　　图 2.7 补光灯 　　　　　图 2.8 背景灯

因为射灯和筒灯可以调节打光的方向，同时也能使光线更匀称一些。

布景

令人舒适的直播间基础布景对于提升观众的观看体验有着很重要的作用。关于直播间背景的布置，一般可以用窗帘布、背景纸或墙纸来构建整个直播间的基础色调。此外，还可以使用一些常用的小道具，如：地毯、小沙发、字画或者人形模特等。

在布置直播间的背景时，有两个基本原则需要注意：首先，在灯光设备不够好、不够全面的情况下，深色背景比浅色背景更能凸显产品。在同样的场景、同样的角度，甚至主播穿了同色系的衣服的前提下，使用深灰色的背景墙（如图2.9所示）所打造的视觉效果会比使用浅色的背景墙（如图2.10所示）的好，并且画面的层次感也更丰富。而使用浅色的背景墙则很容易使画面灰蒙蒙的，显得不够干净，有时还会使主播身上的白色衣服产生曝光的效果。

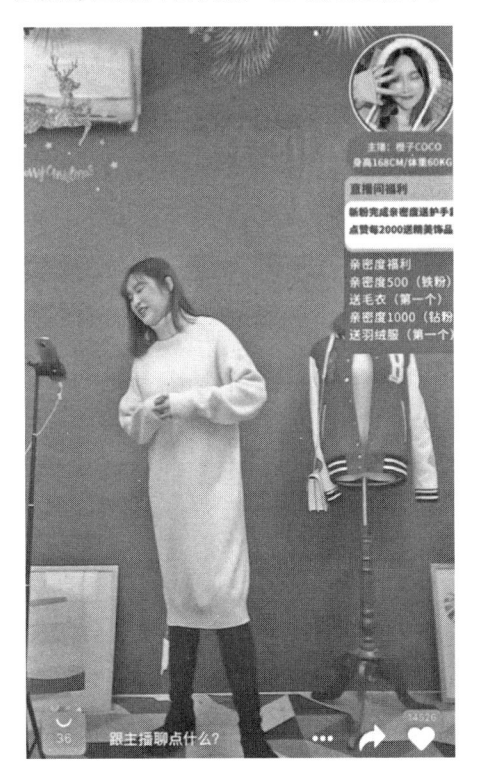

图2.9　深色背景墙效果图　　　　图2.10　浅色背景墙效果图

其次，直播间看上去要干净、清爽、整洁，切忌商品摆放过多过乱。在下面两张对比图中（如图2.11、图2.12所示），第一张图（图2.11）的直播间背景的纵深比较深，画面比较大，所以即使背景中没有摆放过多的产品，但在视觉上还是会给人一种杂乱之感，令人不舒服，主播正在介绍的产品也显得不是很突出。再来看第二张图（图2.12），虽然第二张图中的主播与第一张图中的主播销售的是同一消费群体的产品，两张图的背景也都出现了支架，但第二张图看起来却明显比第一张图舒服很多。因此，在取景的时候，一定要摆放得整齐有序，抛掉多余的装饰品，这是直播间布景的重要前提。此外，把当前介绍的主要产品放在直播画面的正中间或是放在离镜头最近的位置进行讲解可以让观众对直播间的情况一目了然，更有利于售卖产品。

除了对背景墙进行布置，主播还可以购买一些小物件（例如：支架、镜子、小

图 2.11　杂乱的背景效果图　　　　图 2.12　整齐的背景效果图

黑板或音响等）对直播间进行装饰。支架主要是指手机支架和摄像头支架，需要注意的是，服装主播的手机支架高度应该调整到与主播肩膀一样高，因为这个高度可以让主播不费力地看到直播中的评论信息。摄像头的支架则应该放到主播腰部左右的高度，同时配合摄像头自带的小广角功能，这样可以使主播的身材比例在呈现出来的画面中显得更好，也使主播更加显高。镜子主要包括全身镜和台镜。全身镜的主要作用是让服装主播能够第一时间看到自己换装后的仪容仪表，方便其及时调整自己的穿搭。而美妆主播则需要一个小小的台镜，以随时提醒自己注意妆容和表情。此外用来记录直播间重要信息的黑板，拿来播放背景音乐、营造直播间氛围的音箱等都是值得购买的装饰物。

推荐购买的设备清单

这里有两个版本的推荐购买的设备清单供大家选择。第一个是通用版的设备清单（如表 2.1 所示），建议首先购买一个任意品牌的电脑，但是电脑系统性能不能低于 intel i5，最好选择 intel i7 系统。摄像头和麦克风建议使用罗技 C920 通用版，其价位在 500～600 元。支架可以选择任意品牌的，只要是质量相对较好的品牌即可。

表 2.1 通用版设备清单

品类	品牌	价位参考/元
电脑	任意品牌，主板一定不要低于intel i5系列，最好是intel i7的	4000~6000
摄像头+麦克风	罗技c920/	500~600
补光灯	环形灯+方形灯罩	200~500
支架（手机+摄像头）	任意品牌，选适中段位的价格	100~200

第二个是"土豪版"的设备清单。这一清单推荐的电脑和通用版是一样的，只要系统不低于 intel i5 就可以了。摄像头则推荐 eyemore L 直播摄像头，其价位较高，

在 9000 ~ 12000 元。麦克风推荐使用铁三角电容麦克风，性能比较稳定。补光灯可以选用 LED 的补光灯，如球形灯、LED 圆饼灯或 LED 环形灯等。补光灯的个数没有限制，取决于整个直播间的效果，正常情况下一个直播间会使用 2 ~ 3 个补光灯。有些直播间在主灯光线不够的情况下，会使用更多的补光灯。

表 2.2 "土豪版"设备清单

品类	品牌	价位参考/元
电脑	任意品牌，主板一定不要低于intel i5系列，最好是intel i7的	4000~6000
摄像头	eyemore L直播摄像头	9000~12000
麦克风	铁三角电容麦克风	500~900
补光灯	球形灯+LED圆饼等	800~2000
支架（手机+摄像头）	任意品牌，选适中段位的价格	100~200

2.2 直播间灯光调整的小技巧

好的直播间布景和灯光能让观众产生更多的停留欲望，并把视觉的关注点集中在主播介绍的产品上。目前很多直播间遇到的问题是，当主灯和补光灯被摆放在固定地点的时候，直播画面的光线是完美的，可是一旦主播走动或者穿了特殊材质或颜色的衣服，直播画面就容易出现曝光和模糊泛白的情况。在实际直播中，主播们可以通过灯光设备的调整来解决这些问题。

直播间常用补光灯类型介绍

直播间里常用的补光灯类型有四种，第一种是球形灯（如图 2.13 所示）；第二种是 LED 灯（如图 2.14 所示），其中又可以细分为圆饼状、方饼状两种；第三种是环形灯（如图 2.15 所示）；第四种是方形灯箱（如图 2.16 所示）。这四种类型的补光灯的价格从 100 元到两三千元不等，但它们的作用是一样的，都是为了补光。这四种灯的差别在哪里呢？其差别就在于不同类型的灯其补光的范围和其光线营造的立体感不一样。

直播间的空间情况不同，对灯光的使用要求也不同。在直播间空间小且四面都

图 2.13　球形灯

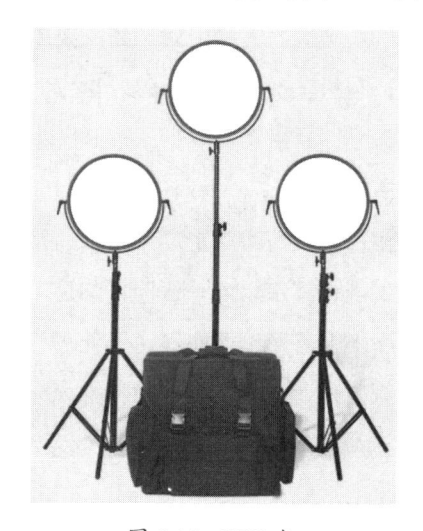

图 2.14　LED 灯

图 2.15　环形灯

图 2.16　方形灯箱

是白墙的情况下，比较适合使用球形灯。球形灯的特性在于它的亮度是往四周均匀发散的，并随着距离增加而递减，同时画面主体也会因为墙面的反射而获得比较均匀的反射光线，也就是产生了柔光效果。而空间较大的直播间（如展厅）就不会出现这样的情况，因为在这样的直播间中不存在墙面反光的情况，所以在这样的空间里直播就需要额外布置一些光源，如 LED 圆饼灯、环形灯、方形灯箱等。

不同类型的直播间对灯光的要求也是不同的。美妆类直播或者首饰珠宝类的直播中，在衬托翡翠的光泽感、珠宝的闪耀光芒方面，球形灯就帮不上什么忙了。在这个时候，主播需要准备一些聚焦比较集中的 LED 圆饼灯、方饼灯或者环形灯来调整直播间的灯光。

食品类直播间对于灯光布置的要求也与其他类目不同。有一定生活经验的人可能会发现，菜市场里一些肉铺的顶灯发出的是粉色的光线，或者卖家会在白色灯光外面套一个红色的塑料袋，其作用不言而喻，可以使食材显得红嫩，营造出肉质极佳的视觉效果。因此，在布置食品类直播间的灯光时，可以多使用暖色调灯光，使主播推荐的食品显得更加美味诱人。

布光案例介绍

正如我们在上文中谈到的，由于直播间的空间情况不同以及直播类目的不同，不同直播间对于灯光的要求也各不相同。接下来，我们将通过几个布光案例来具体学习如何调整直播间的灯光设备。

布光案例一

首先来看第一个布光案例（如图 2.17 所示），左图是灯光效果俯视图，右图是灯光布局实况图。通过对比可以看到，在这个案例中共运用了三个补光灯：分别是聚光灯、方形灯箱和环形灯。其中，环形灯放在主播的正前方；方形灯打在了后面背景上（也就是墙面的位置）；聚光灯则放在主播后脑勺上方的位置。

环形灯可以提亮直播时主播的眼神光，一直深受很多网络红人和各大网络平台的喜爱。而 LED 环形灯的效果则更加稳定，同时还可以调节色温。在这个案例使用的几个灯光的组合中，环形灯的作用是提供面部的总光源。除此之外，为了达到更好的直播效果，在直播背景（也就是人物的后方）中给主播添加了一个轮廓光。在

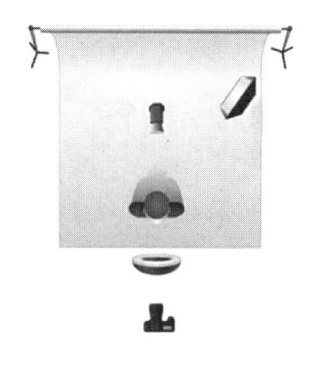

图 2.17　布光案例一

此案例中，轮廓光使用的是聚光灯，它可以从主播后方制造出一个顶光轮廓，让人物的反差感更加强烈，同时也让整个人物的质感更加立体。聚光灯的聚光效果是可以调节的。在调节的时候，可以通过把主播身后的这盏聚光灯拉近和拉远，制造出特别有趣的灯光效果。新手主播们可以自己去尝试调节，感受不同的直播效果。而方形灯箱则是打在墙面的位置上，制造出背景光的效果，对于提亮直播间整体光感有很大的帮助。

使用了组合灯光后，主播的面部轮廓分明，图像对比度很高；如果没有使用组合灯光，主播的面部会比较平，缺少立体感，同时画面色彩也有点失真，显得主播的皮肤光泽感较差。

布光案例二

跟布光案例一相比，案例二（如图 2.18 所示）左图的右下角出现了一个银色反光板。为了让主播有比较好的眼神光，在直播中，通常会把环形灯光放在镜头或者相机的前面，这样光源就会比较集中。但是如果直播间的活动范围比较大，主播需要不停地试衣服或者走动，这种灯光布置方法就很容易使衣服的展示效果大打折扣。其实，环形灯不仅可以放在主播的正面，也可以放在主播的侧面来进行补光。把环形灯放在主播的侧面时就需要配合反光板的使用。总的来说，环形灯光不仅可以从主播的正面进行补光，也可以作为面光源，从侧面或者是斜侧面进行补光。以上几种用光的方式主播们在直播时可以根据自己的实际需要灵活应用。

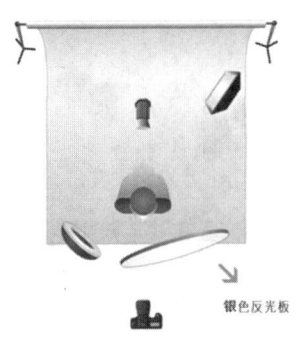

图 2.18　布光案例二

在布光案例二中，主播头部后方的聚光灯和方形灯箱的位置都没有改变，只是改变了环形灯的位置。在没有改变环形灯的位置时，主播脸上的影子是朝向右边的，因为此时的主要光源在主播左侧。因此，在调整布光时，需要在主播右侧布置一个反光板，这样就能使直播时的光线达到均匀的效果了。

通过布光案例一和布光案例二的对比，可以看到，环形灯的作用是可以让主播整体的面部轮廓更加立体。这种立体效果可以从正面打造，也可以从侧面入手打造，具体的使用情况要视直播间的具体条件而定，主播们可以在实际的直播中灵活运用。

布光案例三

布光案例三（如图 2.19 所示）中使用了两种灯，一种是聚光灯，一种是 LED 面板灯。在灯光布置的过程中我们会发现，有时候即使已经使用了环形灯，还是无法顾及主播所穿服装的所有角度。在这种情况下，就可以使用 LED 面板灯来进行布光。布光案例三（如图 2.19 所示）中用了一个最简单的 LED 面板灯来布光。在左侧的俯视图中可以看到，主播前面有两盏 LED 面板灯，这两个面板灯一个在上方，一个在下方。这样的面板灯组合既可以从上到下勾勒出主播的面部轮廓（打造极佳的眼神光），也可以羽化主播身体下部（也就是营造腰部以下的阴影轮廓）。在这样的灯光组合下，只要挑对了布光角度，就会让粉丝觉得主播更加好看，更加苗条。在这个案例里，LED 面板灯其实是作为人物主灯来布光的。除此之外，案例三中还使用了一盏聚光灯，

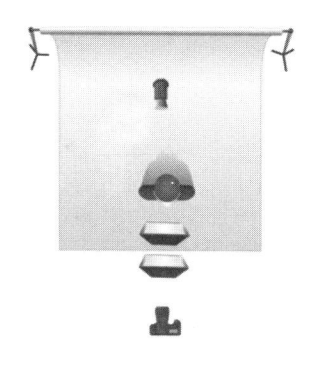

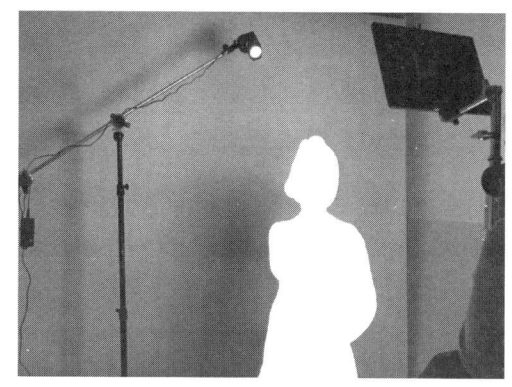

图 2.19　布光案例三

主要打在主播头顶的位置，进一步增强了主播面部轮廓的立体感。

对比布光案例三中的灯光组合直播效果与使用单一光源的直播效果后，我们发现，使用灯光组合进行布光时的直播效果显然更好，整个直播间的光线布局更加均匀、透亮，画面中没有出现比较明显的影子。

布光案例四

布光案例四（如图 2.20 所示）是关于球形灯的实操指南。在这个直播间里，主播右手边侧前方的灯是直播间的主光来源。主光是映照主播外貌和形态的主要光源，

图 2.20　布光案例四

承担主要照明的作用，主光灯的布置是直播间布光的基础部分。案例中，在这样一个类似于小客厅的空间里使用三盏搭配柔光罩的 LED 球形灯来打光，可以使主播的皮肤显得更加细腻。可以看出，在直播中使用不同的灯光组合的确会呈现出不同的灯光效果。

总的来说，直播间灯具的使用数量不一定会直接决定直播的成像效果，但是能够在一定程度上改善光线的质感，使主播的形象更为生动饱满。由于不同的场地和不同的直播类型对灯光的要求各不相同，在灯光的调整方面很难归纳出一套"放之四海而皆准"的使用规则，这就需要大家在直播中不断地探索与调整，才能得到最佳的直播效果。

摄像头的调试技巧

在直播中，摄像头是主播魅力的放大镜，但如果运用不得当的话，也可能会将主播的缺点放大，导致直播间人气下降。因此，掌握摄像头的调试技巧，可以更好地捕捉主播的魅力，吸引粉丝进行交易。下面以罗技 C920 摄像头的调试为例，逐步分析镜头调试的一些小技巧。

首先，主播需要下载罗技摄像头的驱动程序。在搜索引擎上搜索罗技官网，点击相应的摄像头型号，然后根据自己的电脑系统选择相应的程序进行下载和安装即可。摄像头所需要的光线可以按照上文所讲的方法进行调整，其中有两点需注意：一是在拍摄的范围内不要有自然光线。在实际的直播中，大部分直播间都是没有自然光源的，主播们一般会把窗帘拉上，使用布光的效果来给整个直播间提供光源。二是室内的顶光应避免直接照在摄像头上，否则会影响直播画面和直播效果。

其次，安装好驱动程序后，将摄像头放置在合适的位置并确认网络已经连接，就可以打开淘宝直播进行相应的设置了。打开淘宝直播的软件之后，可以在左下角看到一个摄像头的标志，单击"开始录制"按钮就可以看到相应的设置栏（如图 2.21 所示）。在设备管理栏选择需要用来获取画面的摄像头（也就是摄像头 C950）。随后还可以调整画面的分辨率，最佳的采集分辨率是 1280×720 像素，这一项可以根据不同电脑的配置来选择，建议大家选择的采集分辨率至少是在 800×600 像素，这样能保证较高的视频清晰度。

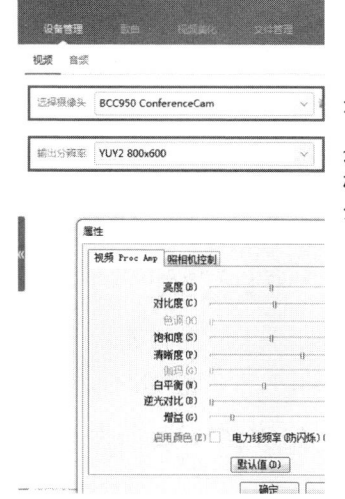

图 2.21 摄像头调试界面一

接下来需要做的是单击界面中的配置视频的按键（如图 2.22 所示），展开配置界面后就可以对罗技摄像头进行高级设置。其中的设置项包括有亮度、对比度、色调、饱和度、清晰度、白平衡、逆光对比、增益等，可以根据直播间的光线条件和主播的个人喜好进行调试。但要注意画面的整体曝光值不宜调得太高，曝光值过高可能

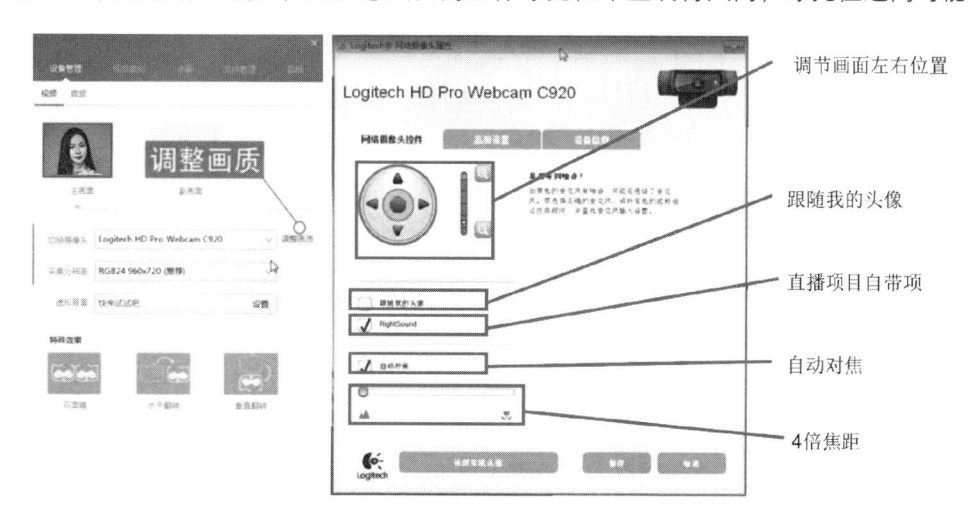

图 2.22 摄像头调试界面二

会导致画面不清晰。亮度、对比度和饱和度可以根据实际的需要左右滑动调节键进行调节，一般只需进行小幅度的调节就可以了。

2.3 直播间封面图的拍摄技巧

当用户打开淘宝直播页面时，首先映入眼帘的是各式各样的直播封面图。作为新手主播，在自身粉丝积累较少的情况下，直播间的流量很大程度上是依靠直播标题和封面图吸引来的。因此，掌握直播间封面图的拍摄技巧，对主播来说是十分重要的。如何拍摄一张点击率高的封面图，又如何将预告视频拍摄得引人入胜呢？这就需要主播具有一定的拍摄技巧。

封面图需要遵循的原则

在淘宝直播的界面中，好的封面图可以让一个直播间脱颖而出，迅速获得观众的喜爱，其美感和质量在展现主播的风格和直播间的货品风格方面也有着非常重要的作用。

根据淘宝直播平台的规定，直播间的封面图需要遵循以下几个原则：第一，图片要清晰；第二，图片内容简单易懂且跟直播主题相关；第三，图片高级、上档次，不宜太过繁杂。

随着淘宝直播平台的规范化管理，整个平台的封面图质量越来越高。与此同时，越来越多的红人店铺也开始运营自己的淘宝直播间。这批原本就在图片展示、模特展示方面非常有技巧的人进入淘宝直播领域后，更是提升了淘宝直播平台整体的封面图质量水平。但对于刚入行的主播来说，这无疑是一个挑战，意味着需要投入更多的精力去研究如何拍摄点击率高的封面图。

封面图注意事项

第一，封面图中的文字信息不要与标题重复。

第二，不要使用图片拼接的方式来制作封面图。为了不影响整体的浏览体验，在挑选封面图的时候应尽可能地避免使用拼接的图片，使用一张自然、整洁的完整图片就可以达到更好的效果。

第三，封面图不宜太过花哨，否则会影响直播内容的展示。在封面图的使用上，应该尽量避免使用带有货架的图片或者背景杂乱的图片。

第四，封面图必须撑满整个方形区域，不要使用留有白边的图。主播在裁切图片的时候需要特别注意，图片应以 1:1 的比例撑满整个展示区域，图片四周不要留白边，否则将影响视觉效果。

第五，封面图中不要粘贴其他元素，要保持图片的整体性。比如，封面图上不要加入整容前后的对比图或者带有卡通图案的表情等。

点击率高的封面图有什么特点？

好的封面图所带来的高点击率对于直播间的重要性不言而喻。在拍摄封面图之前，新手主播需要了解点击率高的封面图都有什么特点。

首先，封面图必须要突出主体，简单来说，就是要让用户在直播界面中一眼就能看到这张图片。举个例子，在淘宝直播栏目的界面中，能迅速抓住用户眼球的是以高饱和度和高对比度冲击用户视线的封面图（如图 2.23、图 2.24 所示）。从色彩和人物比例上来说，这两张图都能让观众最直观地获取到直播的重点信息：两张图的构图都是人物居中，主播在画面中占比为 1/2 左右，以半身照和胸部以上取景为主。

图 2.23　封面图示例　　　　　图 2.24　封面图示例

所以，通过色彩对比及人物构图突出直播主体是主播在拍摄封面图时可以采用的实用技巧。

另一个能让封面图在第一时间获得点击率的特点是：最直观地表达主播的人设以及相应的直播品类。比如下文左侧的封面图示例（如图 2.25 所示），用户在第一时间就能获得的信息是：主播是卖毛呢大衣的，即直播品类为服饰。如果用户刚好有购买大衣的需求，就会毫不犹豫地进入直播间。

图 2.25　封面图示例

总的来说，点击率高的封面图有两个特点：色彩丰富，对比度高，能吸引眼球；简单粗暴地表达直播品类和利益点，抓住用户的需求。

拍摄封面图的构图手法和技巧

一张点击率高的封面图需要做到：聚焦精准，图片清晰；主体突出，背景干净；构图有美感，整体协调统一。拍摄时需要注意四个要素，即背景、构图、光影和角度。背景是整个拍摄画面的重要元素。在选择背景的时候，首先要抓住背景特征，其次要力求简洁，最后要注意对比。在选择拍摄背景时，背景的颜色最好不超过三个色系，而且理论上来说最好使用同色系的背景色，切忌选择颜色过多、杂乱无章的背景。比如在拍摄展示小香风针织裙的封面图时，可以选择干净的墙面作为背景（如图 2.26 所示）。

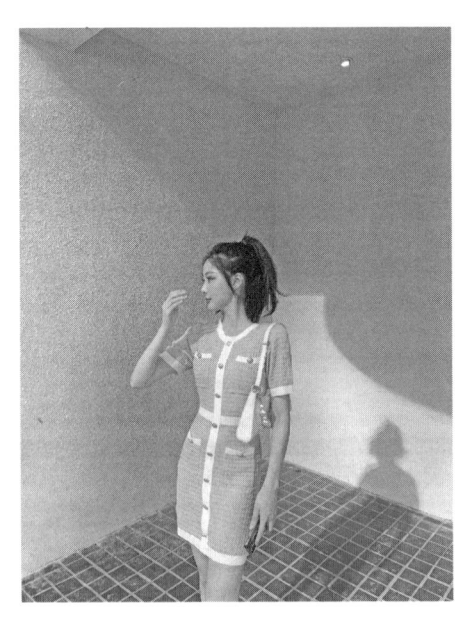

图 2.26　背景图示例

利用美学的原理来进行构图可以更好地展示环境，说明故事，让你的照片会说话。下面教大家几个构图的小方法：

首先是"三分法"，就是开启手机自带的九宫格网格模式来辅助构图。以 iPhone 手机为例，打开"三分法"的具体方式为：在设置中找到"相机"一栏，点击开启"网格"选项。"三分法"的原理是将重点元素的表达放在画面的"三分之处"（如图 2.27 所示），以九宫格的形式分割画面。当画面呈现九宫格的形式之后，就可以把想要表达的重点元素放在四个点中的任意两个点连起来的线上或者任意一个点上。

第二个构图的方法是斜对角线构图法（如图 2.28 所示）。斜对角线构图法就是照片中有一件物体或一个场景打破了整个画面，并呈斜对角线状切割了整个画面，起到视线引导的作用。

图 2.27　"三分法"构图示例

图 2.28　"斜对角线构图法"示例

第三个构图法可以称之为框架构图法。顾名思义，框架构图法是用前置的景物构成一个框架，形成了一种遮挡的效果。框架构图法有利于增加整个构图的空间深度，将观众的视线引向中景、远景区的主体。以下两个范例供大家参考：

可以看到，左边的图片（如图 2.29 所示）是以两堵墙作为大框架，让观看者的视线成功地聚焦在画面中间的人物上。右边的图片（如图 2.30 所示）通过窗口的设置，引导观看者注意里面更深的景致。

图 2.29　"框架构图法"示例一　　　　图 2.30　"框架构图法"示例二

框架构图法在人物的拍摄中也能灵活运用。右侧的图片（如图 2.31 所示）拍摄时使用的是实景的全框架，即在一个 KT 板上抠一个洞，让模特与这张 KT 板进行互动，形成了框架构图。有些图片（如图 2.32 所示）使用的是虚景半包围式框架。这张图片的右侧有一层黑色的滤镜。有拍摄经验的人一定知道，在拍摄这张照片的时候，摄影师应该是将某个黑色的东西放在了镜头前面，形成了景深的、有朦胧效果的边缘。这里使用的就是虚景半包围式的框架构图法。还有一些图片（如图 2.33 所示）使用的是抽象框架构图法，模特走在街上，阳光将楼房的影子打在画面左侧，形成了一个抽象的、由光影构成的框架。

图 2.31　实景全框架构图

图 2.32　虚景半包围式框架构图　　　　图 2.33　抽象框架构图

　　光影是每一张照片的灵魂，可以塑造整张照片的空间感、方向感，甚至还能体现人物的性格、情绪等。关于光线，首先要注意的是选择合适的拍照时间。理论上来说，适合拍照的时间是上午 8 点到 10 点之间，以及下午 3 点到 5 点 30 之间。但其实准确来说，下午光线最佳的时间应该是太阳下山前的两个小时左右，因为每个季节太阳下山的时间不一样，所以将之简单概括为下午 3 点到 5 点 30 之间是不准确的。

　　其次要了解光的分类，包括自然光、环境光和人造光。自然光的光源只有一个，就是太阳。自然光也包含不同强度的光线，因为有晴天、阴天、多云等不同的天气状况。环境光也就是室内外的各种灯光，比如室内的照明灯、室外的霓虹灯、路灯甚至探照灯，等等。只要是人造的、但又不是摄影专用的灯具发出来的光都属于环境光。人造光就是摄影用的器材（比如说补光灯、闪光灯、LED 拍摄灯等）产生的光线，它和环境光的区别在于人造光是可以被摄影师控制的，其光线、亮度、色温是可以调节的，所以我们称之为人造光。

第三个关于光的知识点是光的方向。这也可以分为很多种：从模特正面照射的光叫顺光；从模特背后照射的光叫逆光；从模特上方照射的光是顶光；从模特下方照射的是底光；从模特的正前侧方照射的光叫侧顺光；从模特的背侧面照射的光是侧逆光。

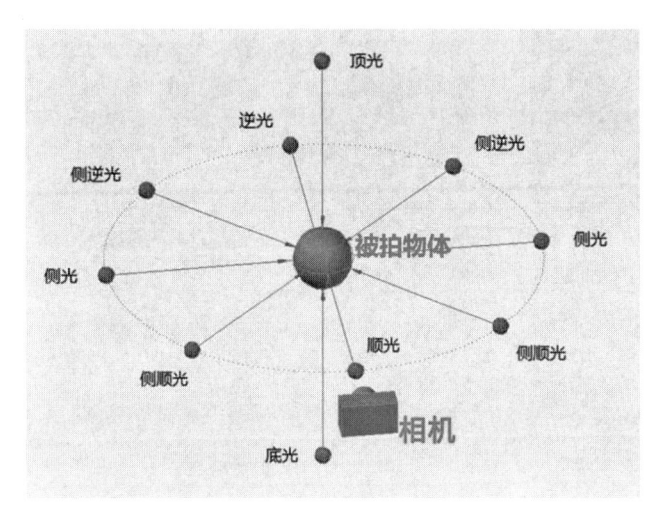

图 2.34　布光平面示意图　　　　图 2.35　逆光拍摄案例

右图（如图 2.35 所示）就是一个典型的逆光的案例，左图（如图 2.34 所示）则是其布光的平面示意图。在逆光拍摄的情况下，又在模特前方放置了一张反光板，这可以使模特面部的光线比较均匀，同时也能让人物肤色不容易显黑。逆光拍摄的好处在于它可以让人物的发丝显得金黄透亮，很好地营造意境。

拍摄的角度对于拍摄效果来说也是特别重要的。在拍摄同一个主体的时候，不同的拍摄角度会产生不同的视觉效果。关于拍摄角度的把握，有两个小秘诀：第一是尽量让人物的头处于画面中间，脚下不留白；第二是尽量使用平拍或者仰拍，切忌俯拍。

在拍摄的时候，很多主播会使用到广角镜头，普通手机的摄像头其实也自带小广角的功能。广角镜头是呈放射状的，如果用线条标示出来的话，大概就是左一图片（如图 2.36 所示）所示的样子。使用广角镜头就意味着如果把所拍摄人物的腿部放在放射状的线条上时，人物的腿部会被自然拉长。不过同样地，当人物的脸部也处于这些放射状线条上时，人物的脸部也会有一点变形。所以，在拍摄时如果能利用好广角镜头，拍出来的封面图中人物的全身比例会非常协调，达到最佳上镜效果。

图 2.36　广角功能示意图

图 2.37　不同拍摄角度对比图

2.4　直播间画面的设计技巧

经常看直播的观众不难发现，不同的直播间是风格各异的，而直播间的色彩和画面构成是造成这种差异的重要原因。对于新手主播来说，掌握好直播间的色彩比例和画面关系是打造良好的直播间风格的必要一步。下面将对一些直播间的实操案例进行分析，以便大家更好地了解如何调节直播间色彩比例与画面关系。

如何选择直播画面比例

不同的手机呈现出的画面比例其实是不一样的。以目前市面上的主流手机来说，普通智能手机的手机屏多是 16:9 的画面比例（如图 2.38 所示）。而所谓的全面屏手机，如 iPhoneX 及其以上的型号，以及其他一些以全面屏为主要卖点的手机款式，其手机屏是 18:9 的画面比例（如图 2.39 所示）。可以看出，全面屏手机是在国际标准的 16:9 的屏幕比例基础上通过损失屏幕两侧的一些空间，使屏幕显得更狭长。由于手机屏幕尺寸不一，用户在使用不同的手机观看直播时，一些直播间会出现浮层或场景画面缺失等问题。

图 2.38　普通手机画面比例 16:9

图 2.39　全面屏手机画面比例 18:9

在此建议新手主播直播时采用 16:9 的画面比例。如果大家仔细观察生活中的屏幕尺寸就会发现，大部分的电子屏幕（如笔记本电脑的显示屏、平板电脑的显示屏、电视屏幕等）采用的都是这样的画面比例。为什么会选择这样的比例作为国际通用的屏幕尺寸呢？

数据显示，人类的眼睛向上与向下能看见的最大角度分别是 60 度与 75 度，水平向外看的最大视角则高达 95 度。因此，电子屏幕的比例才会从最开始的 4:3 的画面比例调整成符合人类视觉的 16:9 的画面比例。而且，重要的信息大多时候处在同一水平面上，相比上下左右等比例地延长，单方面延长水平方向的宽度能更有效地增加单位面积内展示的信息量。

除此之外，以 16:9 为比例的屏幕生产时的切割成本更低。当业内已经有一部分手机厂商开始使用 16:9 的屏幕之后，上游的屏幕供应商们就会逐渐以 16:9 的比例作为模板，在切割时以这个比例作为标准。在这样的情况下，如果有手机厂商需要 4:3 或者 18:9 的非主流尺寸的屏幕，制造商们就需要弃用比例为 16：9 的模板，重新制作新的模板，导致生产成本增加。

再者，16:9 约等于 1.778。虽然 1.778 并非真正的黄金比例（黄金比例是 1.618 或 0.618），但 1.778 却是 20 世纪 80 年代最流行的几种屏幕比例的中和，使用这一比例的屏幕观看电视剧或者宽屏电影时会获得比较均衡的视觉效果。基于以上三个原因，建议主播们在直播时选择使用 16:9 的画面比例，这样能更有效地贴合观众的视觉需求，打造更舒适的观看体验，吸引更多的粉丝。

服装直播案例解析

很多新手主播在事业的初期阶段，为了更好地进行直播，学习了许多理论知识，但落实到具体实践中，还是经常会感到一头雾水。在这种情况下，对直播案例进行解析，从其他主播的具体实践中体会直播理论，对提高主播的直播水平是很有帮助的。在接下来的服装直播案例中，我们将会了解到针对不同的直播风格，直播间的色彩搭配和画面关系会有哪些不同。

图 2.40　案例一直播间截屏　　　　图 2.41　案例一直播间布局图

首先来分析案例一。通过观察案例一直播间的截屏（如图 2.40 所示），我们可以根据整个直播间的布局和色彩搭配解析出该直播间的布局图（如图 2.41 所示）。由布局图来看，整个直播间的场景用色主要是黑白灰三色，运用的灯光是中性光（也可称为白炽灯光），站立的模特占整个画面比例的 1/3 左右，人物居中。通过观察直播背景，我们可以看出这是一个比较典型的卖场型直播或者所谓的工厂型直播。该直播间布局的优点是整体打光均匀，色调比较统一。同时，其缺点也很明显，如模特身后的椅子、充电器摆放混乱，分散了观众聚焦在主播身上的一部分视线。

图 2.42　案例二直播间截屏　　图 2.43　案例二直播间布局图

第二个案例同样也是卖场型和工厂型的直播间案例（如图 2.42 所示）。通过对整个直播间的画面和色彩搭配（如图 2.43 所示）进行分析，可以看到虽然该直播间与案例一的直播间同样使用了白色的背景，用的灯光也是相同的中性白炽光，但该直播间整体场景的取景纵深感较强，可以看到靠墙摆放的画框，模特站在画面中间靠右的位置，只占到整个画面比例的 1/4 左右。在这个案例中，观众的视觉第一落点（即观众第一眼看到直播间时的视觉落点）不单单只落在了主播身上，而是被分散到了直播间的两边，导致视觉落点产生偏差。这种偏差很容易带给人一种直播间布置混乱的感觉。所幸的是，该直播间的整体陈列简单，灯光色调也比较统一，才能把观众的视角拉回到主播身上。但是在手机直播越来越流行的当下，尤其是屏幕越来越细长的全面屏手机风行的当下，不建议主播在直播时采用靠边站位的直播方式，而是应该尽可能地站到画面中间，最大限度地吸引观众的眼球。

图 2.44　案例三直播间截屏　　　　图 2.45　案例三直播间布局图

　　第三个案例（如图 2.44 所示）中直播间的布局（如图 2.45 所示）是卖场、工厂型直播间中比较接近理想状态的布局。从直播间的色彩搭配来看，大部分场景使用的是灰白色系，中间掺杂了一点地板的卡其色；从直播间的画面比例来看，模特站在画面居中的位置，整个画面中没有明显露出的手机支架，而且直播间的顶部和信息卡选用的是非常显眼的紫色，能让人一眼就看到直播间的主播信息和相应的活动信息。画面中，衣架的陈列是跟直播间的地脚线平行的，既整齐又简单，还能一眼看清商品的品类。至于该直播间的缺点，则是主播在试穿跟场景同色系的服装时，容易与背景混为一体。在这种情况下，主播就需要不断地通过肢体动作来留住观众的视线，以免观众退出直播间。

图 2.46　案例四直播间截屏　　　图 2.47　案例四直播间布局图

除了以上三种卖场型和工厂型的直播间背景，我们也经常能在淘宝直播上看到一些精心设计过的直播间背景。比如案例四（如图 2.46 所示）选取的是一个精心布置过的角落作为直播间背景。该直播间的色彩搭配以中性色调的黑白灰色系为主，并使用了中性偏暖的灯光。从布局图（如图 2.47 所示）来看，该直播间通过简单的几种家居摆设，如灰色的地毯、白色的墙面和黄色的沙发等，打造了简单实用的直播效果。模特占整个画面的比例为 1/3，居中站立，是一个比较标准的且能让主播更显高的画面布局案例。

图2.48　案例五直播间截屏　　　图2.49　案例五直播间布局图

案例五是一个比较典型的、有设计感的直播间布局效果图（如图2.48所示）。这个直播间在色彩配置上用了浅黄色、白色和浅灰色的组合，通过极简的相近色系的色彩搭配、中性偏暖色调的光源的使用，营造出一种小众、高级的设计师风格。至于人物的画面比例方向，也采用了居中站位占整个画面1/3的标准布局法，加上模特的服装搭配，使该直播间的造型风格非常突出，独树一帜。

美食直播案例解析

除了服装品类的直播间之外，不同的美食直播间的色彩和画面关系也有所不同。淘宝直播上的美食主播主要可以分为以下两类，一类是"功课型"主播，也就是所谓的"厨师型"主播；另一类是"吃货型"主播，也就是以试吃和讲解为主的主播类型。这两种不同类型的美食直播间在灯光、环境、服装、色调上都有着不同的色彩搭配和画面比例。运用与服装直播案例中相同的画面布局拆解方式，就可以看出二者的不同：

首先来看"功课型"主播的美食直播间案例。通过对这两个直播间画面的对比解析，可以看到画面中两位主播都保持着站立炒菜的姿势，操作台占整个画面的1/3以上。在场景上，第一个主播使用的是虚拟背景（即绿幕背景）（如图2.50所示），选择了一张风格清新的厨房合成图片作为背景。而第二个主播是在实景厨房（如图2.51所示）进行直播的，整个直播间的背景空间更大，真实度更高。从色彩搭配上来说，两个直播间所使用的颜色都比较清爽，没有多余的、跳脱的大面积色块，看上去舒服整洁。同时，直播间里的信息卡和制作内容的浮层等都表达得非常清楚，放置在直播间靠边的位置，在不挡住制作台的前提下获得了最佳的展示效果。

图2.50　"功课型"美食直播间一 　　　图2.51　"功课型"美食直播间二 　　　图2.52　"功课型"美食直播间布局图

再来看看"吃货型"主播的美食直播间布局（如图 2.53 所示）。与"功课型"美食主播不同的是，美食类直播的主播都是坐着试吃和讲解的，主播的人物画面占比达到了整个画面的 1/3 左右，实物展示台的位置也占到了画面的 1/3 以上。同时，这类主播一般都会把当下讲解的产品放在最靠近镜头的位置。从画面背景来说，"吃货型"主播占用的都是小面积的场景，只需要经过简单的布置和陈列即可，基本上不需要用到专业的厨房或虚拟背景。此外，在色彩搭配上，很多直播间都会使用暖色系的装饰物或背景墙，强化食物的色泽感。同时，在主播服装颜色与场景颜色的搭配上还要遵循固定的审美原则，如果直播间整体色系偏多，色块分布比较散乱，会影响视觉效果。

通过以上两组不同类型的美食主播的对比，不难看出"功课型"美食主播的直播间和"吃货型"美食主播的直播间在画面色彩、人物布局上都有不同。整

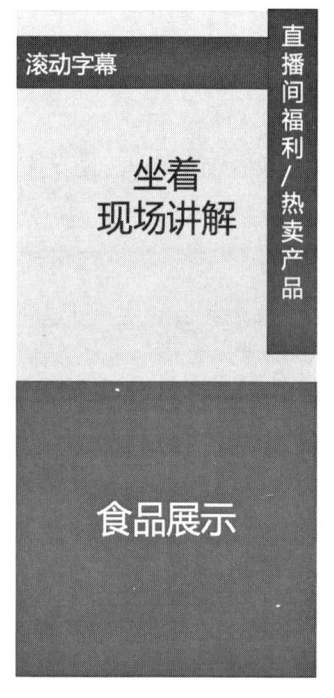

图 2.53 "吃货型"美食直播间布局图

体来说，"功课型"主播的直播间在色彩方面相对统一，一般不超过四个色系，对整体灯光的要求比较高。"吃货型"主播的直播间色彩比较丰富，以能够衬托食物的暖色系为主，多使用偏暖调的灯光。"功课型"主播的直播间操作台占画面的 1/3 以上，以能清晰地看见主播的动作和配料为主，背景空间比较大，多以厨房为主。"吃货型"主播的直播间美食区也是占画面的 1/3 以上，以能够清晰地看见食物的质感和材料为主，背景空间比较小。在人物造型上，"功课型"主播主要以站着讲解为主，需要穿一些比较专业的服装，如穿戴手套、口罩、厨师服、厨师帽等。"吃货型"主播主要以坐着试吃为主，穿着方面比较随意，干净简单即可。

通过对以上这些直播间案例的梳理，可以看到，直播间需要整体布光均匀、背景统一。背景色系不应超过三种，而且要以能突出服装和人物主体的色系为主。可以选择一些比较深的颜色作为背景色，如深灰色、灰色、深咖色等。深色系在光线

没有那么好的情况下比白色系更能凸显人物的特征。在人物的画面比例方面，最佳的人物展示位置是画面正中间，人物占整体画面比例的 1/3 左右。同时，人物脚下的地面不需过多取景，留一点空地即可。合理利用这些小技巧来打造直播间的画面布局和色彩搭配，可以优化直播效果，使新手主播的直播之路更加顺畅！

2.5 直播间浮层的视觉效果设计

学习直播间浮层的视觉营销和设计也是成为一名合格的主播的必修课之一。那么，什么是淘宝直播间的浮层呢？在前文分析画面比例时，本书就曾不止一次地提到过直播画面中信息卡的位置问题。事实上，这些贴在直播间两边或者顶部的各种信息卡片就是所谓的浮层。

使用直播浮层的前提条件是用高清摄像头在淘宝直播的电脑端进行直播。在这种情况下，主播可以在电脑端的软件里设置自制的透明涂层，形成直播间的效果展示类的信息卡片。

左图（如图 2.54 所示）直播间的浮层是淘宝直播电脑端后台自带的浮层效果图，可以在浮层里输入简单的文字信息，如主播的名称、身高、体重，或者简单说明直播要点、福利活动。右图（如图 2.55 所示）是主播自行设计的浮层效果图，即商家将使用 PhotoShop 软件设计的透明图层导入电脑端的淘宝直播后台，并在摄像头画面里调整好素材的大小和位置后展现出来的效果。

直播间浮层的分类

在淘宝直播平台，粉丝在一个直播间的平均停留时间是在 30 秒到 3 分钟之间。

根据这一数据，如果粉丝没有在进入直播间的前 30 秒内获得对其有用的信息，或者仍不了解直播间的内容与福利活动，该直播间就很可能会失去这个观众。事实上，浮层的存在主要就是为了向粉丝传达直播间的有效信息，因而具有重要的作用。

在了解了直播间浮层的概念之后，我们还需要了解其分类。经常观看淘宝直播的观众会发现，直播间里的小卡片所涉及的信息非常多，一般来说，可以将其分为

图 2.54　直播间浮层效果图一　　　图 2.55　直播间浮层效果图二

以下四个大类：跟主播相关的信息卡类浮层、与粉丝相关的粉丝福利类浮层、与直播间的运营相关的活动类浮层、显示时间轴列表和分时段内容的课程表类浮层。

下面来具体了解一下这四类浮层：第一种浮层类型是跟主播相关的信息卡类浮层（如图 2.56 所示）。这种浮层还可以具体分为两种类型，一种是基础信息类，比如有些直播间当中会贴一些小卡片，写着主播的昵称、身高、体重、试穿尺码等。在服装类直播间中，观众可以根据主播的身高、体重等信息快速了解主播的体型，在选购商品时结合主播所穿的服装尺码做出合理的尺码选择。而且大部分观众对于什么身高体重的人适合什么尺码的服装其实是不太了解的，这就需要主播根据自己的体型给予粉丝合理的建议。另一种是主播人设类信息卡，这相当于主播的个人简介。在刚开始进行直播的阶段，一些新手主播会把与人设相关的信息（比如个人的职业经历、特长、专长等）写在直播间浮层上。对于一些有专业资质的彩妆师或者营养师来说，可以在直播间的浮层小卡片上展示自己的资历及以往的成果，强化主播人设。

举例来说，有一位自称"欣爷"的主播正是将自己的人设定位利用浮层"挂"在了直播间的醒目位置。从浮层内容上来说，她自称"欣爷"，是一名 90 后的潮流主播，也是一名努力在淘宝平台追寻梦想的女孩。她每天会在直播间分享自己用过的性价比很高的产品，同时她也学过化妆、甜品烘焙等技能，擅长修图拍照，时常与粉丝交流、分享一些相关技巧。而浮层最后一句话为总结："欣爷还在前进的道路上，有你们的陪伴真好！"，这样的一句话不仅肯定了粉丝的作用，也突出了主播的人设。

第二种浮层类型是与粉丝相关的粉丝福利类浮层，即通过信息卡引导进入直播间的粉丝跟主播进行互动，完成亲

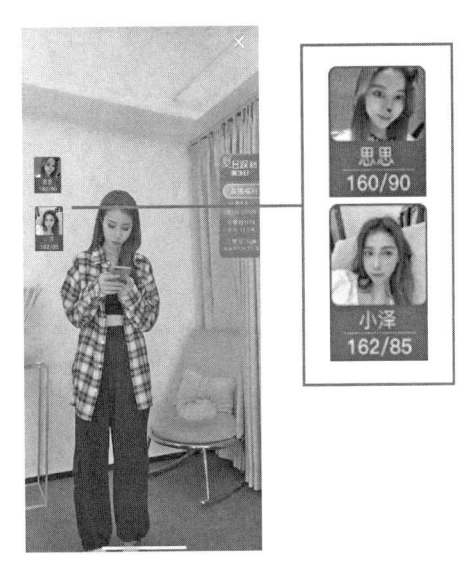

图 2.56　与主播相关信息卡类示例

密度任务，从而达到参与主播发起的抽奖活动的条件或是得到直播间的优惠券等。举例来说（如图 2.57 所示），一些直播间会定期赠送粉丝福利，比如：粉丝与主播的亲密度满一定数值后可领取礼品；关注主播后每日打卡可领取优惠券；针对铁粉、钻粉制订的活动攻略等。除了送礼物之外，关注主播后可以参与满减活动、抽取优惠券等也是粉丝福利类的浮层设计内容。

图 2.57　粉丝福利类信息卡类示例

第三种浮层类型是与直播间的运营活动相关的活动内容类浮层。这一类浮层涵盖的内容较多，如活动预告、开播时间、直播间爆款、直播间福利、红包、秒杀时间、优惠信息等。如图 2.58 所示，在淘宝直播某直播间中，主播将浮层设置为每日开播时间的介绍。在浮层中强调主播每日固定的开播时间可以提高其开播第一个小时的观众流量，如果这一时间段内直播间的流量较大，系统就会认为该直播间的内容质量高，从而为直播间推送更多流量。这也是很多主播在刚开播时都会要求粉丝在评论区打卡并且第一时间向粉丝发送开播红包或开播福利的原因。这一类浮层的特点在于，它以直截了当的浮层内容放大直播间的信息，可以获得观众的关注，使得他们能在第一时间注意到直播间的开播信息、优惠活动等，从而引导消费。

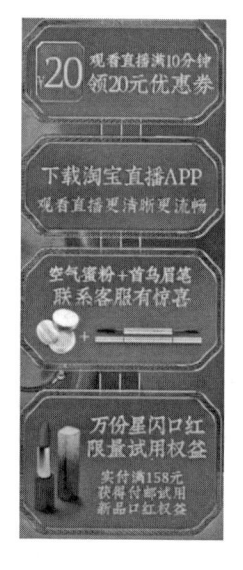

图 2.58 活动内容类信息卡类示例

第四种浮层类型是显示时间轴列表和分时段内容的课程表类浮层，这一类型的浮层主要应用在美食类、美妆类或者养生类直播间里，主要是为了详细说明主播在整场直播中的分享计划和时间安排。如图 2.59 所示，主播在直播间浮层中写道："9 点不定时限量秒杀"，进入直播间的观众就能得知 9 点有秒杀活动，有兴趣参与的观众自然会在该时间段再次来到直播间。此外，美食类主播可以在浮层中写上今日菜谱、美妆类主播可以将浮层设置为化妆流程的说明、抽奖过程的说明等。这些关于整个直播内容、节奏的时间轴类型的浮层展示，都属于第四种浮层类型。

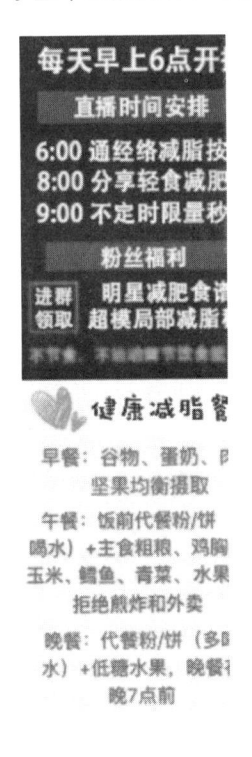

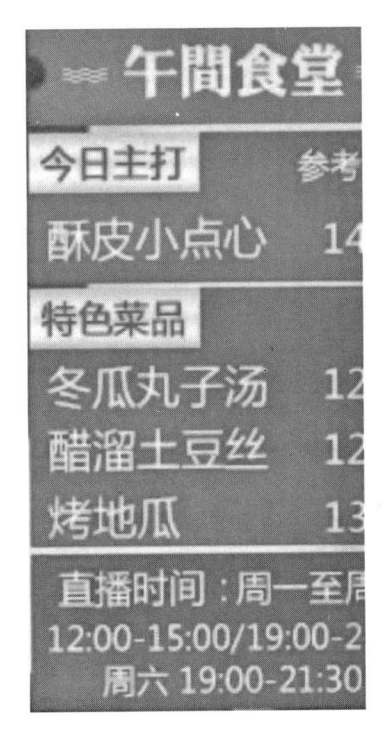

图 2.59　课程表类信息卡示例

除此之外，关于浮层的使用还有一个小窍门，就是利用浮层进行屏幕右滑提示（如图 2.60 所示）。这是淘宝直播间的一个隐藏功能，在直播页面中右滑，可以看到与直播间相关的公告、主播个人简介等信息，在直播页面中左滑则可以隐藏直播间的评论区。由于不断地有观众进入直播间，许多观众会在进入直播间的第一时间询问有何优惠活动。主播反复地介绍活动虽然可以增强活动对粉丝的吸引力，但也可能会耽误直播进程。所以，利用浮层引导想了解优惠信息的粉丝观看公告后，主播就不需要重复解释优惠活动，从而更高效合理地利用直播时间。

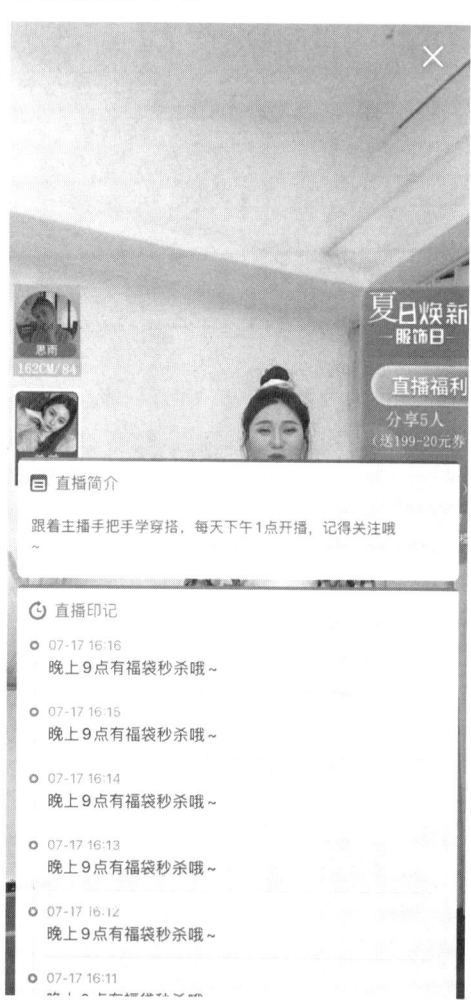

图 2.60 "屏幕右滑提示"示例

第三章
偶像时代主播人设的树立

　　偶像一词，原指为他人所模仿的对象。近年来，随着娱乐产业的发展，进入了全民造星时代。偶像一词越来越被用于指代明星、网红等人，他们拥有众多粉丝，举手投足就能赢得大量追随者的效仿。为什么这些偶像能赢得那么多粉丝的喜爱呢？其实，粉丝们喜欢的不只是偶像的外表，也是偶像所展现出来的气质和性格，即所谓的人设。

3.1 偶像时代人设最重要

　　目前淘宝直播平台上最强的头部主播，如李佳琦、薇娅、烈儿宝贝等，他们的成名之路都是有迹可循的。我们可以从中归纳出主播成长路径的变化：第一代电商主播是红利型主播，第二代主播是资源型主播，第三代主播是"人设"红人型主播。"口红一哥"李佳琦的团队就是按照红人和明星的打造模式来精心包装旗下主播的。可以说，在流量时代，人设是偶像和红人快速吸引眼球的核心。

　　那么，作为主播成名利器的人设究竟是什么呢？

　　通俗来说，人设设计就如同奥斯卡金像奖里的角色设计。电影在制作过程中时常围绕着"角色"把人物的性格、动作、价值观以及故事的情节、场景完整地贯穿起来。引申到现代影视圈中，明星或者红人的人设就是经纪团队和公关团队"炒火"明星的催化剂。好的人设能够帮助明星和红人迅速吸引粉丝的关注，也有利于媒体对明星进行宣传。但人设是把双刃剑，有利也有弊，如果运用得不好，或是故意炒作虚假人设，最终反而会竹篮打水一场空。目前来说，明星们常"卖"的人设有"吃货""好爸爸""国民老公""少女"等。

人设是成名的基础

十年前，风靡亚洲的偶像团队 H.O.T、宝儿、东方神起、Super Junior、少女时代、EXO 等都来自韩国的 SM 公司。王从曾经写过一本名为《韩娱经济学》的书，其中就详细介绍了这家神奇的公司培养艺人的模式："K-Pop[①] 是从 20 世纪 90 年代后期开始流行的，在 SM 公司的带领下，完善了面试、训练、企划和艺人养成系统。特别是在艺人出道前的阶段，会着重训练歌手的唱歌技巧和舞蹈，艺人只有达到比较完美的状态才会出道。"

而最近五年来，偶像的养成模式则换成了以 SNH-48[②] 为例的"想见就能见"的模式和以创造 101[③] 为典型的全民节目养成模型。"高频互动的剧场 + 有缺点的偶像 + 陪伴成长"逐渐成为造星模式的主流，而这恰恰适应了流量时代的用户模型，也因此造就了一批当红明星。

网络上有一句话："流量意味着快速的记忆和遗忘，也意味着滚雪球式的增长。"这句话正揭示了当下娱乐时代的造星准则，而这一准则对于淘宝直播平台的主播也同样适用。合理地利用人设吸引流量并将其转化为粉丝从而更好地变现，这就是如今许多网红主播发展的路径。

---

① K-Pop，全称，Korea-Pop，是一种音乐种类，指源自韩国的流行音乐。
② SNH-48 是由上海丝芭文化传媒有限公司打造的中国内地流行乐女子组合。
③ 创造 101 是由腾讯视频、腾讯音乐娱乐集团联合出品的中国首部女团青春成长节目，主要赛制为从 101 名选手中选出若干名成员组成女团。

3.2 主播人设设计的妙招

一般来说，淘宝主播每天的在播时间为 4~6 小时，直播过程包括商品介绍和与粉丝的实时互动环节，这类似于 SNH-48 和德云社的剧场模式。而这种模式也是流量时代造星的基础模型。因此电商主播在设计人设时，也可以参考这些娱乐明星的营销方式。

场观量是直播中很重要的一个数据，指每一场直播中进入直播间的观看量。直播间的场观量是以人次计算的，比如同一个账号进入直播间后退出去，再次进入直播间，就相当于为这场直播提供了 2 次观看量。自然场观则指的是因系统推荐自动进入直播间的非主播粉丝的用户数量。纵观淘宝平台的政策，在一年内，平台不断地修改对新人主播的流量扶持策略，从每小时自然场观 2000 的流量逐步调整到了每小时 200~500 的自然流量。在还没有自身的粉丝基础时，平台提供的这些自然流量就是直播间观看量的主要来源。对于主播来说，从 0 到 1 的涨粉阶段是非常重要的。在开播前期细致地把人设打造得更加全面的主播，就能在吸引粉丝及增加粉丝黏度方面奠定夯实的基础，也能更快地将平台提供的自然流量转化为自己的粉丝。

淘宝直播的"人设"法则

在树立主播人设时，可以从主播的性格特点、口碑评价、特长爱好、职业职位这四个维度来呈现。这也就是"人格四维认识理论"，即主播在直播间通过这四个维度来塑造自己的形象，让进入直播间的观众能够记住主播，为之所吸引并点击关注。

这一理论可以被贯穿运用于主播职业生涯的全过程。在直播间的早期发展阶段，主播可以用尽量简洁易记的一句话概括自己以上四个方面的特点，强化观众对主播的印象，吸引粉丝的关注。在直播间的中期发展阶段，这一理论可以运用为：通过"直播间人设设计"理论，把直播间中的昵称、封面图、预告话术和主播的人设、语言风格、互动特色完美地结合起来。等到了直播间的后期发展阶段，可以使用"自媒体调性理论"来打造主播的自媒体风格，用"有用、互动、个性魅力、情感传达"

来完善人设，提高直播间的关注度。

"人格四维认识理论"是什么？

信息时代的特点就是要在碎片化的时间里让用户完成认知判读。在 3～5 分钟的时间节点里，主播们需要完成一次娱乐化、互动化的内容设计，用户则需要完成一次是否"喜欢"的认知判读。在这一方面，微博靠的是图片的力量，抖音靠的是有趣的动态短视频，直播平台靠的则是直播间内主播的实时互动能力和商品的刺激。

其实，大约 80% 的新手主播都不擅长做自我介绍，难以给粉丝留下深刻的印象。这也就是有些粉丝会觉得不同的主播除了脸不一样，他们的直播风格都大同小异的原因。出色的自我介绍是给粉丝留下深刻印象的关键。自我介绍的语言要简洁精炼，要能一针见血地说出自身的特点。同时，主播在做自我介绍时要掌握好语调、语速，在短时间内引导粉丝完成从感兴趣到关注再到快速记忆的过程。但最为重要的，还是要根据人格四维认识理论来确定自我介绍的内容，精准抓住粉丝的心，完成从巩固粉丝群体黏度到流量变现的过程。

如何运用人格四维认识理论来确定自我介绍的内容呢？首先，主播可以想象空间里有横着的 X 轴和垂直的 Y 轴（如图 3.1 所示）。在左上角的空间中写的是特长爱好，右上角的空间中写的是职业职位，左下角的空间中写的是口碑评价，右下角的空间中写则是性格特点。这 16 个字对应着人格四维理论的四个方面，这也是主播对观众产生吸引的几个关键词。只要根据这一示意图，在不同的区域填入自己想要设计的形象，再进行整合，就能得出主播的人设。

图 3.1　人格四维认识理论概念图

人格四维认识理论详解——特长爱好

在生活中，我们经常碰到这样的场景：周末被朋友约到一个地方参加聚会，你的朋友打过招呼后就走开了。你的身边围坐着许多陌生人，此时大家都默默地看着手机，气氛十分冷清。这时候有人率先提出话题，说他这周末去滑雪，不知道应该把宠物狗寄养在哪里。一时间，关于"滑雪""宠物"的话题让大家产生了共鸣，纷纷讨论起来。这种关于共同话题的共鸣可以迅速地拉近人与人之间的距离，哪怕是完全陌生的人之间也会产生共情。可以说，陌生人之间相互吸引的第一步多是源于特长爱好。

特长爱好是指在某个领域或在某项技术方面有着独特的见解和解决手段。这个特长可能是因工作或生活的需要而逐渐练成的，也可能仅仅是因为爱好或喜欢。拥有特长爱好的人，总能在某些领域闪闪发光，快速地赢得他人关注的目光。

对于新手主播来说，在直播过程中抛出自己的兴趣爱好，很容易吸引拥有相同兴趣爱好的粉丝，从而提升自己的人气。

在刚开启直播生涯时，有些新手主播可能会有许多困惑。在上播第一个月的尬聊期中，哪怕主播每天上播四五个小时，也不知道自己在与观众聊些什么，总觉得聊着聊着就没有话题可聊了，抑或是把所有时间都用来介绍商品，讲着讲着就失去了直播的趣味。化解这类困境最好的方法之一，就是在直播过程中结合自己的兴趣爱好来聊天。比如某主播特别喜欢韩国的一个组合，也喜欢韩国的文化和音乐。在直播的时候，他就可以播放自己喜欢的音乐，同时也可以跟粉丝们聊一聊自己追星的经历。淘宝直播的用户相对较年轻，大多是有过追星经历的，主动与粉丝分享自己的追星经历，可以引发粉丝的共鸣，活跃直播间的气氛。在主播的带动下，一些粉丝也会主动和主播聊音乐、明星或是娱乐圈八卦，从而成为直播间的常客。

主播案例

主播"派派"，2018年9月10日开播，其直播类目为美妆类。在开播后的前两周，其直播间的场观量为300~500人，而每场直播只有2~4人会关注主播，转粉率约为0.8%。采用人格四维认识理论后，她每天在直播中加入了1~2个小时的特长爱好展示——算塔罗牌。在第三周的直播数据中，该直播间的场观量提升至1200~1800人，转粉率提升至 1.5%。第四周的场观量则提高至 2500~3500 人，转粉率为 3%。

导师建议：

　　主播在选择自己的特长爱好时，首先要注意选择有一定的独特性的特长，并且最好能和直播间的商品相结合。比如，主播"蜜豆包"的特长是喊麦，每次在讲解美食类商品的时候，他会用喊麦唱词的形式介绍产品，让人耳目一新。其次，主播的特长爱好要有互动性。如前面提到的"派派"主播，她选择展示的特长是算塔罗牌，这恰好是互动性很强的特长。因为这项特长需要主播洗牌、抽牌、解说牌面，也需要粉丝说数字、说诉求、说效果，无形中便加强了主播与粉丝的互动。同时，算塔罗牌这项活动也具有围观性，能充分延长其他粉丝在直播间的停留时长。

　　此外，特长爱好的最佳讲解时间段是新手主播上播最初的两三周的吸引粉丝阶段、尬聊阶段。当主播面对镜头不知道该如何表达自己的时候，完全可以放松地与粉丝聊一聊生活当中的自己是什么样的，自己的兴趣爱好是哪些。在镜头面前展现真实的自我、展示自己的独特之处，是吸引粉丝的关键。

人格四维认识理论详解——性格特点

　　在前文中我们提到，有了相同的特长爱好，就可以拉近陌生人之间的距离。但同时，只有性格品性相似，彼此才能真正地成为朋友。因此，如果说兴趣爱好决定了粉丝一开始是否关注主播，性格特点则决定了粉丝对主播的持续关注度，这一点反映到淘宝直播数据中就是"转粉率"和"粉丝回访量"。

　　众所周知，性格是一个人对现实的稳定的态度，以及与这种态度相应的、习惯化的行为方式中表现出来的人格特征。俗话说"江山易改，本性难移。"性格一经形成便比较稳定，但也并非是一成不变的，而是具有可塑性。性格不同于气质，它更多地体现了人格的社会属性，个体之间的人格差异的核心是性格的差异。

　　目前主流的性格分析理论叫"九型人格"（Enneagram），或称作"九柱性格学"，是一种性格分类方法，基本上把人的性格分成九类。它是近年来备受美国斯坦福大学等国际著名大学 MBA 学员推崇的最热门的课程之一，风行于欧美学术界及工商界。

全球 500 强企业的管理阶层也会研习九型性格，并以此来培训员工，建立团队，提高执行力。

其实，九型人格不仅仅是一种精妙的性格分析工具，更主要的是能够帮助人们培养深入的洞察力，为个人修养与自我提升、历练打下基础。与其他性格分类法不同，九型性格揭示了人们内在最深层的价值观和注意力焦点，且不受外在行为的变化所影响。它可以让人明白不同的个性类型，从而懂得如何与不同的人交往沟通、融洽相处，帮助你与别人建立更真挚、和谐的合作伙伴关系。因此，合理运用九型人格理论，可以帮助新手主播与粉丝长久相处，打造共赢的合作关系。

一般来说，直播间中容易赢得粉丝喜欢的性格特点可以归纳成四种类型：第一种类型为支配型人格，即喜欢冒险、大胆、直接、果断、坚韧、坚持不懈；第二种类型为影响型人格，即非常喜欢社交、非常热情、自信、乐观；第三种类型为稳健型人格，即非常友善、亲切、善解人意，乐于倾听，乐于奉献；第四种类型为谨慎型人格，简单来说就是一种思考者的形象，准确且严谨，谦虚且成熟，具有分析能力。

在表现形式上，性格特点可以通过封面图的视觉化、性格的产品化、主播聊天主题的观点化、直播间运营的事件化来实现。

主播案例

主播"九儿大魔王"，所属类目为美妆。刚开播的前两个月，其直播间的场观量为平均 1000~1500 人，转粉率为 1%。采用人设四维理论后，通过将封面图的视觉化与自身性格特点相结合，在直播间树立了"网红风""化妆师""护肤达人"等视觉形象。及至她开播第四个月，该直播间的数据提升到场观量 5000 人，转粉率也稳步提升到了 3%。

主播"薛大大"，于 2018 年 10 月 03 日开播，其直播类目为服装类。在开播后的前两周，该直播间的场观量平均为 15000~23800 人，转粉率为 2%。采用人格四维认识理论后，她通过直播间运营的事件化强化了"主播帮你去砍价"的人设，在直播中总是不遗余力地帮助粉丝向商家砍价。在这种情况下，粉丝看她的直播，感觉就像观看一场为粉丝争取福利的战争。这样的事件运营可以不断强化主播的个性和形象，提升粉丝对主播的好感度。因此，她开播后第二个月的数据也有了大大的改观，场观量提升至平均 25000~38000 人，转粉率高涨到 5~8%。

导师建议：

<u>在设计人设的性格特点时，主播尽量选择具有正能量的性格特点。直播本身就是在娱乐中卖货，所以"娱乐性＋性格化"才是在直播间塑造人设的关键。其次，性格不能伪装，有些主播为了吸引粉丝，会伪装自己的个性。在此不建议各位新手主播这样做，因为直播是一项长期的行为，时间长了，伪装的个性终将漏洞百出，最终会让粉丝丧失对主播的信任。</u>

适合强化主播性格特点的时间段是"直播新手期"，伴随着直播中的话题进行性格展示。此外，在快速涨粉的"直播蜜月期"中，性格特点一般是在和粉丝的互动中体现的。等主播积累了一定的粉丝基础，进入"直播销售期"后，就可以在讲解产品和构建直播运营中体现性格特点。

人格四维认识理论详解——职业职位

直播中最重要的环节，除了吸引粉丝之外，就是"卖货"。如何实现粉丝从喜欢主播到喜欢主播推荐的商品的转换，也是非常有技巧性的。这个转变过程的关键技巧之一，就是利用主播的职业职位进行背书。

职业职位的划分是按照职业的性质和特点，把一般特征和本质特征相同或相似的社会职业，统一归纳到一定类别的系统中去。在淘宝直播中，主播的职业职位是影响粉丝决策的关键。简单来说，就是要将信任关系从主播转移到产品身上。从喜欢主播到购买商品，只有这一步顺利过渡了，主播才能实现盈利。

在积累到一定的粉丝基础后，有一部分主播却依旧无法卖出很多产品并因此十分焦虑。有一定粉丝基础，但销售转化上的数据较低的情况其实屡见不鲜。对于这部分主播来说，如何破解僵局呢？这个时候，主播的职业职位往往是最好的突破点。比如，如果你曾经是空姐，在转型为美妆主播时，就可以适时地亮出自己曾经的职业。大家对于空姐这个职业的认知是：去过很多国家，皮肤的状态保持得很好，在化妆方面很有经验。空姐确实往往去过很多国家，用过很多海外的美妆产品，因而在这些方面更有发言权。在此基础上，主播通过公开自己的职业，就可以很容易地提升自己的销售额和客单价，化解销售数据低迷的局面。

通过上述案例的分析，有些主播会觉得，是空姐这一特殊的职业才为销售美妆类产品提供了便利，而自己的职业过于普通，可能对于主播事业没有太大的助益。其实这种想法是错误的，不同的职业可以为不同类型的商品提供背书。如化妆师、美容师、微整形医生、中医医生、保健专家等，这些职业可以和彩妆、护肤品、保健品、营养品等商品的推荐相结合。而厨师、甜品师、烹饪专家、美食家、美食博主等，这些职业则可以与食品、保健品、生鲜类商品的销售相结合。服装设计师、服装编辑、档口老板、服装店老板、模特、面料师等可以和服装、饰品、鞋帽类商品的售卖相结合。只要找准自己的定位，再利用此前的职业特点与商品相结合，就能达到令人意想不到的效果。

一般来说，适合职业职位讲解的时间段是在商品销售前。主播可以利用的话题类型包括职业生涯中有趣的事情，工作中所学到的专业技巧，在职业经历中深度挖掘和直播间商品的潜在联系等。

人格四维认识理论详解——口碑评价

在生活中，人人都在扮演着消费者的角色。对于商家来说，消费者的口碑和评价是十分重要的。举例来说，如果小区门口新开了一家餐馆，突然有一天你心血来潮去吃了一回，发现食物非常符合你的口味，这个时候你就会在心里给这家餐馆打一个高分，下次再想出门吃饭的时候一定会首选那家餐馆，并且会在不经意间跟同事、朋友推荐这一家餐馆。

此外，在水果超市中，一般体积比较大的水果都能切块试吃，一旦试吃的水果的口感还不错，消费者往往会觉得旁边售卖的水果也是美味的，毫不犹豫地进行消费。

显然，消费者在消费的过程中存在一个明显的盲区。在这个盲区里，消费者做消费决策时几乎只依赖于经验或者个人偏好，并且带有一定的冲动。这个冲动就来源于消费者的口碑、评价。

口碑评价是指商家努力使消费者通过与其亲朋好友之间的交流将自己的产品信息、品牌传播开来。这种营销的特点是成功率高、可信度高，符合互联网时代的传播方式。

在直播当中，直播间的口碑评价也能够影响粉丝的情绪。在评价某直播间的氛围很好时，我们时常会说某个直播间很热闹，就像一间旺铺。可见，口碑评价是影响直播间氛围和商品复购的关键因素之一。

口碑评价直接关系到直播间的复购率。有一位服装类直播的主播之前经营过服装厂，有 6 年的服装从业经验。她转型做主播后，很快度过了新手期、人设期，并且通过自己的职业打造的人设迅速获得了一批核心粉丝。但她仍旧被商品复购率低的问题困扰着。其实，这种情况就是缺乏好的口碑评价造成的。普遍来看，新客户会在直播间停留一段时间，根据主播的话术、对主播的信任度等因素来决定是否下单，在其犹豫不决的时候，如果直播间出现了其他粉丝对产品的正面评价，能够极大地刺激新客户下单。后来，该主播联系直播间的老粉，请他们在直播间聊一聊自己收到商品的感受。采取了这个策略后，该直播间的商品复购率提高了不少。

其实，口碑评价的传播是有技巧的。主播一定要借粉丝之口来表扬产品，要重视老粉在直播间的价值。所谓老粉，就是追随主播的一群核心粉丝。主播需要妥善地运营和训练他们，不时地布置一些任务给他们。而且这些老粉也是非常愿意为主播分忧，因为"被主播需要"就是他们与主播最好的互动。此外，口碑评价一定要真实有效，不要使用虚假评论，一旦被拆穿，直播间就会失去大批粉丝，难以重获粉丝的信任。

口碑评价一般可以出现在直播间、商品评论区、粉丝群等地方。其出现的时间点最好选在主播正在进行商品销售的时间段、直播间大型活动阶段，以及淘宝直播的官方活动时期。

3.3 优秀人设设计案例

从性格特点、特长爱好、职业职位、口碑评价四个方面详细分析了人格四维认识理论后，更为关键的是要在直播时对此加以运用。在具体的实践中，可以从视觉效果呈现和运营效果呈现两个方面对以上几个理论进行运用。

视觉效果包含昵称、头像、封面图、视频等，主要影响公域流量中的粉丝转化数据。视觉设计通过文字、动态拍摄、视觉照片这三个维度立体地塑造主播的个人形象。

而运营效果则包含产品、语言风格、粉丝运营等,主要影响私域流量中粉丝留存和销售数据。

主播昵称设计案例

昵称是指现实生活中俗称的小名,能表示亲近和喜爱。通常使用在日常生活的非正式场合。在网络中,昵称是指在使用聊天室、聊天软件或其他软件时所显示的名字。

主播在设计昵称时,也要注意使用能体现人设的名字,同时要遵循三个准则:好记忆,好拼写,好传播。"好记忆"是指通过朗朗上口的词汇或者大众熟悉的词汇的使用,帮助粉丝增强对主播名称的记忆。"好拼写"是指主播的昵称最多不要超过7个字符,不要使用繁体字、特殊符号等元素,如需使用英文,也最好使用大家耳熟能详的英文名称(如Lily、Coco、Anna等)。"好传播"则要求在起昵称时给昵称增加一定的故事性。如"东哥不是蔡依林",使用否定句的句式,把"冬哥"和明星蔡依林联系到一起,引起粉丝的好奇。而昵称"粉红爷爷"则是利用两个词的混搭打造差异感,"粉红"的视觉联想是"少女感",而"爷爷"的视觉联想是"老人",这两个矛盾的词汇放在一起,很容易引起粉丝的好奇心。

主播在选取自己的昵称时,可以从以下三个方面获取灵感。

熟悉的元素:包括人们所熟悉的人物、事物的名称和称谓。很多明星在给自己的子女们起名时,喜欢使用一些非常朗朗上口的小名,比如姚晨的孩子叫"小土豆"、杨幂和刘恺威的孩子叫"小糯米"、赵薇的孩子叫"小四月"、孙俪和邓超的孩子叫"等等"和"小花"、李念的孩子叫"酸奶"、章子怡和汪峰的孩子叫"醒醒"等。这是因为这些人们熟悉的元素朗朗上口,非常容易让人记住。

熟悉的事物:包括植物类、动物类、食物类以及事物类。"植物类"和"动物类"是指若主播有喜欢的植物,或者如果主播有饲养宠物的经历,便可以选取具有某些特点的动植物和主播的性格特点相结合来取名(如纯洁的百合、热情的玫瑰、优雅的水仙、高洁的榆树等)。取名时与食品相结合也是一个非常好的选择,因为食物本身就有非常强的治愈作用,可以带给人们视觉、味觉、触觉上综合的感官体验。如某主播的昵称"西柚娜娜","西柚"给人一种酸酸甜甜的味觉印象,"娜娜"

又是双叠音,既好听又便于记忆;某主播的昵称"丸子酱","丸子"的视觉印象圆满可爱,味觉印象也是香喷喷的,而"酱"是日本流行的一种"卡哇伊"的后缀,经常用来形容可爱的女生,二者结合后就给主播打造了一种活泼可爱的人物形象。

"事物类"一般指结合当下热点、地域、兴趣爱好来取的昵称。如"兔兔在澳洲",这个昵称说明主播的地理位置在海外,其直播所属的类型为"代购"类;某主播的昵称"禅意微型盆景店"则说明了主播的兴趣爱好是微型盆景设计。

熟悉的人物:包括经典作品人物名称、人物常用称谓、亲属类称谓、职业类称谓等。如某主播的昵称"空姐桃子有点甜","空姐"说明了主播的职业属性,"桃子"的味道很甜,形状又很像爱心,再加上"有点甜"作为后缀,把这位主播"甜美+亲和力"的特质表现得淋漓尽致。在某主播的昵称"小师妹Hebe"中,"小师妹"属于亲戚类称谓,能够拉近主播和粉丝的距离。在某主播的昵称"专业美容师栗子"中,"专业美容师"这个职业称谓可以帮助主播在粉丝心中树立专业性的一面。

主播封面图设计案例

封面图在直播中是非常关键的,它是公域流量关键的点击因素。淘宝直播的封面设计也应该遵循三个准则:即有意思、有意境、有意义。

"有意思"是指直播封面需要能够把主播的特长爱好,职业职位信息通过视觉设计传达出来。以下三个主播的封面图都突出了主播的职业职位或者特长爱好,传递出了"有意思"的封面设计。

主播"九儿大魔王"的封面图(如图3.2所示)使用了浅灰色的拍摄背景,拍摄角度为胸部以上,人物约占总画面的80%。画面中,主播扎着丸子头,表情俏皮可爱。这一封面图的拍摄风格带有浓厚的"网红风",很好地突出了人设中"网红"的元素。

主播"雪梨Cherie"的封面图(如图3.3所示)使用了暖黄色的拍摄背景,画面中的雪梨妆容细腻,眉眼温柔。雪梨本身就是全网知名的网红,因此在选取封面图的时候,应该尽可能地选取粉丝熟悉的角度来拍摄,以体现照片的"大片感"为核心。这类封面图适合:网红、名人、公众人物等。

主播"演员王冕"的封面图(如图3.4所示)使用了电视剧中的剧照,图片整体呈现为宫廷氛围,主播位于中心位,很好地体现了主播的职业职位——演员。同时

图 3.2　主播"九儿大魔王"封面图示例

图 3.3　主播"雪梨 Cherie"封面图示例

图 3.4　主播"演员王冕"封面图示例

图 3.5　主播"曹米娅 Miya"封面图示例

主播的名字"演员王冕",也通过真实的身份向粉丝传递了自己的经历。这类封面图适合模特、演员、主持人等职业的主播使用,可以通过有特色的职场照片来体现自己的经历。

主播"曹米娅 Miya"的封面图(如图 3.5 所示)使用了深灰度的拍摄背景,拍摄角度为腰部以上,人物占总画面的 70%。她的道具是眼影盘和彩妆刷,传达了她作为专业彩妆师的职业职位信息。

"有意义"指的是封面图需要能够把主播的商品特点，潜在的口碑评价信息通过视觉设计传达出来。以下三个的案例，或突出了主播介绍的商品特点，或突出了直播间的口碑评价，都属于"有意义"的封面设计。

主播"禅石翡翠"在设计封面图时，使用了至少100个翡翠手镯，拍摄角度为30度倾斜视角，突出了翡翠品种之多，透露出的潜在口碑评价信息就是该直播间销售过大量的翡翠手镯，值得信赖。

主播"田妈带你淘翡翠"在拍摄某张封面图时使用了灰色的拍摄背景，翠色翡翠戒面占画面的50%左右，目的在于突出翡翠的品质之高，体现该直播间能够给消费者提供顶级质量的翡翠产品的潜在口碑评价信息。

主播"Ulike个人护理店"的封面图使用了蓝紫色的拍摄背景，拍摄角度为胸部以上，主播和商品占画面的70%左右，利用商品和主播的密切结合突出了商品的亲和力，体现了消费者乐于使用该商品的潜在口碑评价信息。

"有意境"则是指封面图要具有综合的美感表现，观察时尚杂志拍摄、超模和明星的拍摄大片等图片时，我们可以发现这些图片从拍摄角度、光影的变化、服装道具的安排、拍摄者的情绪表达等方面，构成了一种综合的美感氛围，让观者能在脑海中形成难以忘怀的视觉印象。以下三个主播的封面图都突出了他们各自的性格特点，呈现了与众不同的综合美感，是"有意境"的封面设计。

主播"李佳琦"某次直播的封面图使用了紫灰色的拍摄背景，拍摄角度为胸部以上，主播占画面的80%。而且，他的封面图巧妙利用了光影，在面颊上恰好呈现出一明一暗的视觉效果。同时，李佳琦的面部表情也很好地把时尚感和主播饱满的情绪传递了出来。

主播"楚菲楚然twins"的某张封面图使用了浅灰色的拍摄背景，拍摄角度为胸部以上。两位主播是以双胞胎作为组合呈现在封面图中的，姐姐衣着白色西服，盘发造型，突出了端庄干练的性格特点，妹妹则衣着晚礼服，微卷的头发披散下来，突出了俏皮可爱的性格特点。

主播"一僧一道一潮人"的某张封面图背景则使用了中国画的色调风格——黑

白灰相结合。主播的背影轮廓线形成一座"山"形,画面中的案几和文竹则构成了"点"的形态,构图巧妙,意境隽永,突出了主播昵称中"僧"与"道"飘渺洒脱的气质。

在具体直播中,封面图可以按照这三个层次不断地递进。在新手期,主播可以以拍出"有意思"的封面图为核心,突出自己的职业职位或者特长爱好。进入产品销售期后,可以重点展现产品属性和主播的性格特点,突出"有意义"这一原则。进入腰部主播期后,封面图可以综合视觉美感表达,给粉丝更加惊喜的视觉呈现。

主播头像设计案例

头像无疑已经成为主流的社交媒体中代表"自己"的方式。在淘宝直播中,头像在直播首页大概占总面积的 2%,在主播的个人页面中占总面积的 5%。

头像设计应该遵循"三要三不要"原则。"三要"即一要截取肩部以上拍摄大小的图片;二要使用少于 3 个颜色来构成画面;三要保证人像或产品的轮廓和背景色调有强对比。"三不要"是指:一不要用一张照片同时设置头像和封面图;二不要使用动物、风景等其他不相干的照片;三不要使用手机美图软件过多地美化照片。

不同的头像给人的感觉是完全不一样的。如果主播使用的头像是动物,可能粉丝只是觉得主播对动物比较感兴趣,富有爱心。但将头像设置为自己的真实图片,则容易给人以真实感,可以拉近主播与粉丝之间的距离。因此,主播在设计头像时,不要使用动植物或明星的照片,而应该尽量使用本人的真实照片,这样不仅能够充分展现主播的自信,同时也能增加粉丝对主播的信任度。

另外,主播的形象照不能太假,也不建议使用生活照,生活照和形象照的观感是不一样的,传递给粉丝的信息也是不一样的,好的形象照能够迅速地提升吸引力,增加主播的人气。

优秀人设案例详解:主播"演员王冕"

主播昵称为"演员王冕"。"演员"是一个职业前缀,能够第一时间说明主播的个人经历。2020 年,大量主持人、演员、明星加入淘宝直播,对于这部分主播来说,可以通过将带有职业特征的词汇加入昵称中,来强调个人经历和职业。

拍摄场地　　C位　　精致保养　　演员

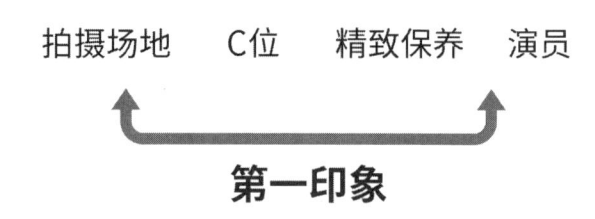

第一印象

名字　　职业环境

图 3.6　优秀人设案例详解一

在封面图中，主播给人的第一印象是"拍戏 + 保养很好 +C 位①"。画面中的电视片拍摄环境构成了观众对她的第一印象，即主播是一名演员。组成这一印象的信息点为：以宫廷环境为前景，背景为摄制组。主播处于画面的 C 位，突出"大明星"这一元素，让人有所期待。同时主播面部妆容细腻，保养得很好，让人不禁想猜测她的年龄，好奇明星的保养方法，这样的心理也会促使粉丝进入直播间。

关于预告话术的撰写，可以从两个维度入手，第一是强化职业经历，第二个是产品活动维度。职业维度是把主播的演员经历作为人设的主语放在最前面，加深粉丝对于主播的职业印象。产品维度则是结合热点以及结合当前的活动，把产品信息融合进去。

在这类直播间的预告中，可以使用的话术有："《如懿传》小主的美妆好物""'禧常在'护肤黑科技来喽""《如懿传》演员的护肤小课堂"等。其中最关键的逻辑是要突出主播的人设：演员，保养达人。其次，也要突出该主播的直播间可以给粉丝带来什么好处，如"护肤心得""教你化妆""护肤小课堂"等。

在直播效果上，"演员王冕"的日常直播使用的背景环境是在自己的家。在节假日直播时，其背景会换成和节日气氛相吻合的主题背景。在直播间内容结构上，采取的一般是"上播活动讲解、产品讲解、产品试色、抽奖活动、护肤讲解"的流程。

在语言特点上，主播的语言节奏适中，大概每分钟 60~80 个字的语速。语言风

---

① C 位，2018 年度十大网络流行语。C 即 Carry 或 Center，C 位是核心位置的意思。

格以聊天，讲述当演员时的经历为主，状态放松。与粉丝的互动点则设计在教授化妆时与粉丝进行互动；在聊天时通过表扬粉丝进行互动；和粉丝一起完成某件事情时进行互动。同时，她的直播间有一个很大的特色，就是她有一个强有力的助播"老公"。她的老公在直播间起到"小助理+维护粉丝"的作用，同时"老公+老婆"的搭档也让直播间充满亲情、爱情的温暖感。

对这一直播间产品进行分析可以看出，该直播间的平均客单价为130元左右，在其售卖的产品中，彩妆类产品约占60%，护肤类产品约占10%，彩妆用具类产品约占20%，其他类别的产品约占5~10%。

优秀人设案例详解：主播"雪梨 cherie"

主播昵称为"雪梨 Cherie"。2020年以来，越来越多"淘系"电商网红开始涉及直播领域，其中转型最快、效果最好的是莫过于网红"雪梨 Cherie"。这些"淘系"电商网红，一般都从微博拍照种草开始吸引粉丝关注，随后开通淘宝店铺，拥有个人品牌。因此在直播封面图上，建议选择粉丝熟悉的拍摄角度和照片风格。

该主播的封面图第一印象是由"大片式的照片+镜头感+网红"组成的，性格特点是该图的核心拍摄角度，构成的信息点是主播雪梨招牌式的眼神。在暖色的背景下，主播的温柔、精致、美丽展现得淋漓尽致。

在头像的选择上，主播的头像基本符合了"三要三不要"的原则。首先，主播人像的拍摄选取的是肩部以上的角度，画面主要运用了黑白灰三个颜色，头像轮廓

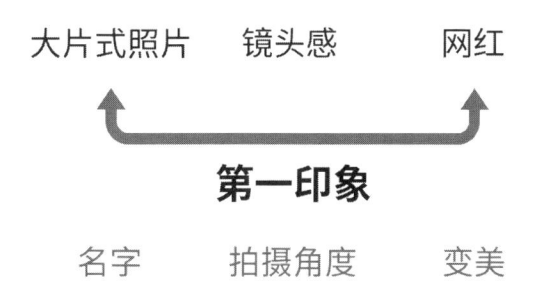

图 3.7　优秀人设案例详解二

在深色背景下非常突出。其次，该主播头像与封面图并不是来源于同一张照片，也没有使用动物、风景或是手机美图过度的照片。因此，该主播的头像是基本合格的。

预告话术是主播人设的延续。"雪梨Cherie"的直播预告话术整体分成三类：第一类是与大型品牌合作的活动型直播（如图3.8所示），比如：雪梨直播间–银泰专场、雪梨X包尊专场、湖南卫视六一童心推荐、谷嘉诚做客雪梨直播间等。第二类是以主播的个人好物推荐为主的日常直播（如图3.9所示），比如：超显腿的搭配、"梨"想生活好物分享、端午节出游穿搭等。第三类是主播的粉丝福利日（如图3.10所示），比如：雪梨数码节专场、雪梨母婴节专场等。

图 3.8　大型品牌活动直播截图　　图 3.9　日常型直播　　图 3.10　粉丝福利日直播

该直播间的直播效果依据直播活动的不同有所区分。以主播的个人好物推荐为主题的直播一般会采用家居的环境，比较接地气，同时还会给观众一种物美价廉的感觉。与大型品牌合作的活动型直播一般会根据品牌主题进行环境的选择。比如"雪梨直播间–银泰专场"直播选择以银泰百货的商场作为背景；"湖南卫视六一童心推荐"这场直播是在湖南卫视的直播间，利用专业的环境和设备构成了六一儿童节快乐的氛围；主播的粉丝福利日一般会选用暖色背景，后面放置本次主题的商品。在直播设备上，主播"雪梨Cherie"用的都是顶级的灯光、摄像头等设备，每场直播的穿搭和搭配也都经过了精心的设计，力求接近完美。

该主播的语言主要是以知识型、专业型的风格为主，进行知识讲解和商品描述。主播对流行及时尚有着多年的搭配和选品心得，在直播间可以通过对服装、彩妆的专业描述获得粉丝的认同和高度评价。同时，在展示效果上，雪梨的直播间经常会有模特和她一起展示，丰富了直播间的效果（如图3.11所示）。

图3.11 "雪梨Cherie"直播间截图

优秀人设案例详解：主播"曹米娅Miya"

该主播的昵称"曹米娅Miya"是中文名称与英文昵称的结合，以这种方式组合而成的名字一般会出现在外企、私企等职场环境中。作为一个美妆类主播，在取名时使用中英文结合的昵称，可以强化主播洋气、时尚的气质特征，给粉丝留下更为深刻的印象。

在该直播间的封面图（如图3.12所示）上，体现了"专业度+彩妆师+白领"的与主播职业职位相关的信息。画面以深灰色为背景，黑白灰为主色调，主播身着黑色西服、白色衬衣，发型时尚干练，面部妆容精致成熟，手里托举着专业的彩妆眼影盘和化妆刷，动作姿势呈"V"的形态。通过这一系列的信息展示，该封面图向观众传达了主播是一名职业彩妆师的信息。

在主播头像的选择上，该主播截取了面部图片作为主要头像，头像中主播笑容灿烂，突出了主播的亲和力及优雅的个性。在直播平台中，这类具有亲和力和时尚感的头像很容易吸引粉丝的关注。

专业　　彩妆师　　白领

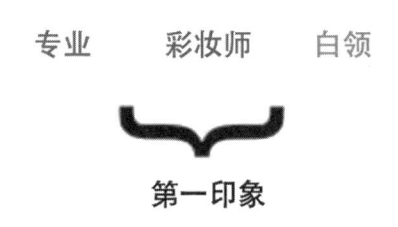

第一印象

黑白西服　　彩妆道具　　妆容的年龄

图 3.12　优秀人设案例详解三

在这类直播间中，可以借鉴的预告话术有："欧舒丹，为爱手护""兰蔻，恒美于心""MAC 燃情冬日派对季""雅顿，赐予你独家宠爱"等。这类话术风格优雅、唯美，且大部分以突出产品的品牌信息为主。

从直播间布局效果来看，该直播间打造了 ins 风格的直播环境，以灰蓝色的背景墙、金属质感的化妆柜和装饰物构成整体背景。主播一般身穿知性风格的套装，浮层设计选用紫色和黄色，设计风格优雅大气。

从直播的内容结构来看，该直播间以日常美妆教学分享为主要直播内容。主播针对每天的直播制作了一个课程表：周一为补水保健、周二为控油抗痘、周三为美白淡斑、周四为敏感肌修复、周五为抗老抗皱。其次，在日常直播中，主播一般采用"日常教学、产品介绍、上妆测试、聊天、产品介绍、上妆测试"的流程，利用自身对化妆品用料和配方的了解，清晰地说明美妆类产品的特点。其语言风格为语速适中、谈吐知性大方。直播时的互动点主要设计在教学互动、上妆测试互动中。

据了解，该直播间的平均客单价在 150 元左右，产品构成为：护肤类产品约占 50%，彩妆类产品约占 40%，其他相关产品约占 10%。

第四章
摆脱枯燥内容——直播内容设计

4.1 电商平台的内容转型

"做电商那么多年,今年最迷茫!"

"淘宝都在讲内容化,到底我们适合往哪条内容设计的路走?"

"听说淘宝直播的头部主播薇娅能日销1亿元,她是怎样成功的?"

"一味跟着淘宝平台也不行啊!天天直播都没人看,短视频拍了也没有流量,直播到底怎样运营才行?"

……

为了更好地适应用户的需求,提升平台的竞争力,包括淘宝直播平台在内的许多电商平台都进行了内容转型。然而,面对种种变化,并不是所有主播都能在电商转型的大潮中屹立于不败之地,这也造成了上述诸多的苦恼和抱怨。要解决上述问题,首先要了解淘宝平台近年来在内容转型方面所做的努力。

淘宝平台内容转型路径

一般而言,淘宝平台包括电脑端与无线端两个部分,无线端指的便是与电脑相对应的手机设备。截至 2016 年底，无线淘宝已经完成了全量转移，淘宝平台 80% 以上的成交量都来自无线端，线上零售商家的流量结构中也有 80% 以上是来自无线端的。无线端的流量既包括淘宝 App 自带的流量，也包括其他 App 引导的流量，其结构往往呈现出碎片化、个性化、场景化的特点。

追溯手机淘宝的版本更迭，所呈现的内容核心关键词就是内容化、社区化。从 2003 年开始，淘宝平台最大的内容就是商品和店铺。作为卖家，生产最多的内容是迎合用户需求的产品，以及一遍遍被优化的商品详情页。2013 年 10 月手机淘宝 App 上线后，借助"双 11""双 12"两个大型活动推进了消费群体从电脑端向无线端的迁移。2014 年，手机淘宝 App 聚焦如何提升用户体验的问题，出现了两个关键词，一个是"优化"，另外一个就是"商家迁移"。

2015 年，淘宝平台侧重的方向是内容矩阵，即帮助商家适应流量分化及消费升级后对个性化的需求。其实自 2014 年达人模块上线后，几个版本的迭代都是围绕这个方面进行的。不过在 2015 年更迭的轨迹上，更可以看出逐渐形成的内容矩阵，以及基于创作者粉丝化传播为导向和正在构建社群化营销的模型。强化卖家与买家之间的互动，可以让交易更具有温度和情感，这也就是在千人千面的个性化交易环节中诞生出的信任加权。

经历了 2015 年的社区改造后，2016 年手机淘宝 App 完成了 16 个版本的更新迭代。如果用一个关键词来描述 2016 年，那就是"内容化"。2016 年 1 月上线的直播频道经过重度优化，作为内容升级及多维度用户体验提升的营销工具而大放异彩。同时，淘宝直播也在 2016 年受到了极大的重视。

2017 年，手机淘宝 App 的版本都侧重提升用户体验，优化各个类目的细节体验。作为众多商家依附的零售平台，通过淘宝版本的变化就可以清晰地看出消费迁移、消费升级、消费行为引导的轨迹。

2018 年至今，经过 3 年多的消费迁移，很多内容导购平台（如蘑菇街等）应运而生。其中一些平台后来发展成了社区化内容电商。同时，淘宝平台也在不断地更新自己的各个频道板块。其最新确定的板块有：主打消费分享直播的"淘宝直播"、主打品质商品导购的"有好货"、主打女性购物逛街的"爱逛街"、主打消费达人购物分享的"必买清单"、主打 UGC（User Generated Content，即用户原创内容）经验分享的"手淘社区"、主打商家信息分享的"微淘社区"、主打 PGC（Professional Generated Content，即专业生产内容）分享的"淘宝头条"等。

由此，淘宝平台对于消费者的无线改造已完成，具体表现在：消费者的消费习惯已经从以商品为核心转变为以内容为核心；淘宝体系的内容生态被重构；基于消费者洞察下的红人品牌开始崛起等。

卖家内容运营的痛点

首先，卖家运营的痛点之一是内容生产投入较高。不管是直播还是短视频，内容生产最大的门槛除了生产内容需要大量的专业知识以外，所要耗费的资金也是极大的。电商卖家如果要做到日常直播，光每个月主播的工资支出就达到 6000 至 10000 元。此外，拍摄短视频也需要资金投入，目前市场上一支 1 分钟左右的短视频价格为 3000 元左右。如果培养团体进行拍摄，需要一个人负责脚本设计，一个人负责拍摄及后期剪辑，这两个工作人员的工资也需要 12000 元左右。此外，招募主播也是需要成本的，何况主播还是一个高流动性的职业，平均下来一个能稳定开播的主播的招募成本大概在 5000 元左右。在这种情况下，生产投入资金高便成了卖家内容转型的痛点之一。

其次是内容变现难度大。如果说人才少、资金压力大只是卖家面临的表象问题，那内容变现难度大才是症结的根源所在，如果投入产出比合理，商家也就有了持续发展的动力。但从商家的角度来看，如果在投入极大的情况下持续直播一个月，每天却只有寥寥数百个观众，无法达到预期的效果，更无法将内容变现、实现盈利，那么这次内容转型的尝试就是失败的。

此外，卖家的痛点还在于难以维持持续性的内容输出。内容的输出需要足够的时间和量的积累，才能形成质的变化。一时兴起进行内容转型是容易的，但长期输出内容却十分困难。比如说，一些大品牌、线上线下连锁的电商由于手头有大量的资金，在做直播、短视频的内容时完全没有生产投入资金过高的顾虑，对于每天举办上万元的直通车钻展的商家来说，只耗费几百元的成本就能做一次直播是十分划算的。但即便如此，也有好几家大企业坚持不下去了。其原因就在于做直播是容易的，短视频拍摄也不是难题，但是要持续性地输出内容，就是一个严峻的考验了。

最后，商家要确定自己的内容方向也是不易的。内容电商，其"内容"可以理解为卖家要输出对消费市场有价值的信息，而内容的呈现形式包括图文、音频、视频以及直播等。用内容构建消费者的信任感，通过内容输出信息、思想、知识、价值主张。优质的内容可以引导消费者在使用的过程中产生交易。不过，卖家如何选择适合自己的方向的确是一个不可避免的难题，需要围绕交易属性来构建有价值性的内容输出。"直播类方向"的本质是通过人来卖货，做过红人店的商家、有过红人管理经验的机构或者商家比较容易入手。"短视频方向"的本质是审美输出型卖货，通过视频画面提升对产品独特性的理解和认知，从而扩大销售。"自媒体方向"的本质是社交关系及传播卖货，货品是否具有爆款属性或流行性是其中的关键。

4.2 内容电商的本质是什么？

谈了这么多关于电商平台的内容转型历史以及卖家进行内容转型的痛点，很多人或许会感到疑惑：既然内容电商已经成为不可阻挡的潮流趋势，那么其本质究竟是什么呢？其实，内容电商的本质可以概括为三个方面，即内容运营、用户运营与产品运营。

电商内容本质的定义

传统电商中每个品类都有数以万计的商品，几乎每个商品都有详情页和相关评价，这些都可以称之为内容。在传统电商运营过程中，卖家把商品进行包装、拍摄、创意呈现，引导用户进行买家秀互动，或是在微博上通过红人制作产品内容等，这些内容都是以图文的形式存在的，信息大多以静态、扁平化的方式进行传播。

而内容电商是电子商务发展过程中重要的营销形式，通过内容供应效率的提升实现了交易效率的提升。内容电商就是把有价值的信息呈现为音频、图文、流媒体、短视频、直播等。内容电商的转型，是对内容运营、用户运营、产品运营三个模块

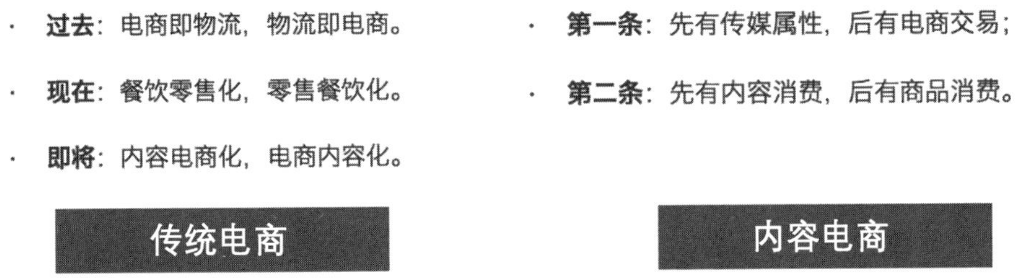

- **过去**：电商即物流，物流即电商。
- **现在**：餐饮零售化，零售餐饮化。
- **即将**：内容电商化，电商内容化。

- **第一条**：先有传媒属性，后有电商交易；
- **第二条**：先有内容消费，后有商品消费。

传统电商　　　　　　　　　　**内容电商**

图 4.1　传统电商与内容电商对比图

充分架构后的转型，需要在商业思维上进行更迭。

二者对比可以发现（如图 4.1 所示），传统电商侧重的是流量运营，而内容电商是需要深度探索需求后进行源源不断的价值引导消费。"内容 + 产品 + 服务"已经成了新经济的标配。电商内容化是逆向进化的，先有内容消费，后有商品消费。

内容运营是指基于用户调研，完成需求探索，对存量需求和潜在需求进行引导和琢磨的过程。在内容电商的时代，如果不了解用户，就无法看到潜在的需求。如果不做调研，就无法形成内容型产品。因此，内容运营根本上就是要构建消费市场对产品的认知。

如果说内容是用来获取新流量的工具，那么用户运营则侧重于深度运营老客户群体。深度服务好老客户群体，意味着巩固自有流量盘的规模和忠诚度，提高用户黏度和复购率。在传统电商抱怨流量成本居高不下、老客户回购率不高的消费闭环中，用户运营就是在为自己建立蓄水池。

在产品运营中，产品要基于主播、内容、企业方向进行精准选择，这是在存量需求下的供应思路。深度运营用户时，潜在需求往往可以带来意想不到的市场机会。内容与产品、产品与用户、内容与用户的高度融合，就构成了内容电商的核心模块。

电商内容本质的实操

一场优秀的直播，就是要保持产品运营、用户运营、内容运营三者的同步。在直播前，主播首先需要通过对产品的分析，梳理出产品的优势和劣势，把其中的优势写成直播脚本，同时针对劣势提前想好解决方案。其次，如果是店铺直播，需要提前对店铺的人群做用户画像分析，挖掘出用户的需求，并在直播策划时围绕着直播需求设计主播台词及互动环节。最后才能进行直播间的内容运营。

针对不同的直播内容运营类型，还需要策划不同的直播内容。常见的直播内容有4种，分别为：颜值类内容、明星类内容、才艺类内容、采访类内容。

在直播经济中，颜值就是生产力。高大帅气的男主播和靓丽的女主播可以通过高颜值吸引大量粉丝围观，而大量的粉丝围观所带来的流量正是品牌曝光的重要指标。

颜值类内容可以把推荐新品和讲解产品作为直播重点（如图4.2所示），让颜值高的帅哥、美女进行新品展示或对产品进行详细讲解。对于这部分颜值类主播，建议在直播的过程中放大他们有趣的性格特点。正所谓"美丽的皮囊千篇一律，有趣的灵魂万里挑一"，倘若能做到将"美丽皮囊"与"有趣灵魂"二者结合，就能最大限度地吸引粉丝关注。

明星接拍广告、品牌找明星为产品代言，这是二者互利共赢的合作。明星类内容（如图4.3所示）是指商家通过明星的荧幕形象来传递品牌价值观。之所以说这是一种双赢的合作，是因为品牌由于明星的"身份加持"而获得了持续曝光，明星也因为品牌引来的关注和话题而获益。品牌与代言人的契合度越高，呈现的内容与印象认知越统一，就越具有说服力。因此，当明星在直播中与粉丝互动时，会出现极

图4.2　颜值类内容

其热闹的直播场面。值得注意的是，明星类内容的生产投入资金较多，因此比较适合于知名品牌的直播。

众所周知，明星通常会引发粉丝追星热，因此推新品时若与明星合作，能迅速在消费者心中建立品牌印象以及提高品牌知名度。明星一般是由于影视作品或者音乐综艺类作品而受到大家的喜欢，可以在直播中请明星多讲讲自己的特长爱好、日常生活等，越日常的话题越会引起粉丝的兴趣，让他们感受到和平时不一样的"明星"。

才艺类内容（如图 4.4 所示）是指以唱歌、喊麦、脱口秀、讲故事等才艺的展示来获取大量忠实粉丝。直播间是才艺主播展示的平台，无论主播是否有名气，只要才艺过硬，都可以引来大量的粉丝围观。

图 4.3　明星类内容　　　　　图 4.4　才艺类内容

才艺类内容可以把推荐新品和促进销售作为直播重点。才艺类内容不属于每天直播的常规内容，而是特殊的、有特色的直播内容。因此在主播演绎才艺的时候，一般都会让粉丝觉得惊喜，也让直播达到一个小高潮，在这个时候推广新品，一定能达到事半功倍的效果。

采访类内容（如图4.5所示）是指通过主播采访嘉宾、路人、专家等，以互动的形式通过他人的立场阐述对产品的看法。通过这样的名人背书，有助于增加观众对产品的好感。如果采访的是路人，有利于拉近与粉丝的距离，增加信赖感。因此，运营这类内容的时候，重要的就是提高产品的知名度，通过名人专家之口，说出对产品的良好评价。

企业在选择直播营销方式时，需要从用户角度出发，挑选最适合的内容并结合最佳的营销形式进行直播。

图 4.5　采访类内容

从互联网消费心理上看，粉丝从初次接触主播到接触产品的过程，通常会经历"看到、了解、判断、下单"四个过程（如图4.6所示）。进入直播间后，初来乍到的新粉会先观察一下主播是否合眼缘，然后再点开购物车查看商品细节，接着也会观察其他粉丝在直播间对主播的评价。一般来说，选择商品后粉丝还会和主播再互动一下，才最终下单付款。因此，针对不同的产品内容，在直播时应该有不同的侧重点（如表4.1所示）。

看到 → 了解 → 判断 → 下单
推新品　讲产品　提口碑　促销售

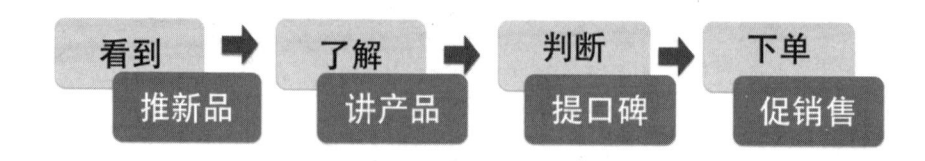

图 4.6　用户心理过程图示

表 4.1　不同内容类型的直播重点对比

内容形式	推新品	讲产品	提口碑	促销售
颜值类内容	√	√		
明星类内容	√			√
才艺类内容	√			√
采访类内容			√	

4.3 直播自媒体如何设计调性？

淘宝平台的每个直播间都是以主播为核心进行信息和商品展示的。在这种意义上，主播就相当于一个自媒体。自媒体（We Media）又称"公民媒体"或"个人媒体"，是指私人化、平民化、普泛化、自主化的传播者以现代化、电子化的手段向不特定的大多数或者特定的单个人传递规范性及非规范性信息的新媒体的总称。

自媒体运营当中最重要的就是调性管理与态度营销。调性管理是指自媒体的核心价值观，以及围绕这个价值观进行的各项内容设计。态度营销则是指设计粉丝互动以及通过管理粉丝预期进行的商品营销活动。调性管理与态度营销就像自媒体人的左膀右臂，是自媒体凝聚品牌力量、吸引潜在用户的重中之重。

杂志营销中的传播秘诀

毫无疑问，粉丝会为高性价比的、有内容属性的、好玩的、格调高的、值得付费的产品买单。调性管理与态度营销，就是要帮助自媒体更好地生产受粉丝喜爱的、能刺激粉丝消费的内容。那么自媒体应该从何处着手运营呢？其实，早在自媒体出现之前，传统媒体对于营销手法的探索就已经十分成熟。观察传统媒体的营销手段，能为自媒体运营提供很好的借鉴。

杂志是内容沉淀最为丰富的传统媒体之一。以杂志为例，分析不同杂志的内容设计，进而就能理解调性管理的丰富内涵；观察不同杂志的发行节奏，就能理解态度营销的具体要求。

每年发行的大众类杂志数量数不胜数,涵盖了社会生活的方方面面。一般来说,大致可以将杂志分为情感型、知识型、时尚型、生活型、娱乐型五种类别。对于不同类别的杂志,其自身的定位必然是不同的,相应的调性管理与态度营销也自然不同。从杂志调性形成的规律来看,栏目特点是支撑内容独特性的关键。而发行周期决定了和粉丝互动的频率。以《读者》《中国国家地理》《ELLE》《天下美食》《南都娱乐周刊》为例,可以很好地看出不同类型的杂志的营销脉络。

《读者》是甘肃人民出版社主办的一份综合类文摘杂志,创办于1981年。这本杂志被称作"中国人的心灵读本",意在通过杂志发掘人性中美好的一面,体现人文关怀。

从调性营销来说,《读者》杂志数十年来一贯坚持以体现真、善、美为核心的价值观,文章选取的都是展现正能量、真、善、美的主题,突出杂志的办刊宗旨,形成了鲜明的品牌形象。

从态度营销来说,这一期刊发行运营方式为半月刊,即每年二十四期,就像一年里的二十四个节气,伴随着读者的春夏秋冬。

《中国国家地理》杂志于1950年创刊于南京,原名《地理知识》,是关于地理的月刊。这本杂志的内容以中国地理为主,兼具世界各地不同区域的自然、人文景观和事件,并揭示其背景和奥秘,在地理知识领域具有独家性和权威性。

从调性营销来说,《中国国家地理》杂志自成立以来,一直秉持着普及中国地理知识的宗旨。尽管策划形式有所变化,但内容依旧是紧紧围绕着杂志的调性来展开的。

从态度营销来说,这本杂志使用的是以颠覆常识来吸引读者目光的招牌战术。但这并非只是噱头。杂志在文风定位时强调文章要以第一人称"我"来讲述,令读者有代入感,在图片选用上,要求精选图片并大量选取大尺度航拍图,同时写好每张图片的说明,充分表达图片信息。

《ELLE》是1945年创刊的法国时尚杂志,是一本专注于时尚、美容、生活品位的女性杂志。这一杂志以时尚为导向,既女性化、现代化、积极向上、紧跟潮流,又充满生活气息。

从调性营销来看，《ELLE》杂志的内容不仅涉及时尚、美容、星座、烹饪等领域，也涉及自由、平等的思想。以及越来越多的女权话题，目的在于唤醒女性的权利意识，带领她们争取更多的自由权和平等权。

在拉扎雷夫去世30年后的今天，能够从众多女性时尚杂志中脱颖而出的《ELLE》，很大程度上仍延续着拉扎雷夫最初的创刊精神。尽管杂志中开始出现各种类型的广告，也开始参与品牌合作，但是，其"自由、女权主义者的诉求"的意识元素却从未流失。这正是《ELLE》杂志始终坚持统一的态度营销的表现。

《天下美食》杂志创刊于2006年9月，是国内第一本主张由美食进入高品质生活方式的生活类杂志。这本杂志一贯主张"知味者更懂生活"，专注于美食文化传播，以开放的姿态，甄选高品质内容，为知味者展示精致的美食生活。

在调性营销方面，《天下美食》杂志一直以"有色、有味、有劲"为内容调性，试图以美食为线索，透析当代中国人的社交圈以及生活方式，为读者描绘出一幅当代中国人美食生活方式的众生态。

在态度营销方面，该杂志的发行周期是月刊。除了传统纸媒外，《天下美食》还在2013年全面转型为新媒体平台，以电子刊、网站、微信公众号、视频等多种形式影响了数十万优质受众。

《南都娱乐周刊》是中国大陆唯一一份娱乐新闻周刊，致力于打造中国最富原创精神和人文情怀的高端娱乐杂志、中国最具娱乐精神的原创新闻周刊，以及中国最具影响力的娱乐新闻周刊。

在调性营销方面，《南都娱乐周刊》的内容定位为明星话题、独家视角、产业关注。由于该杂志的读者人群定位为一、二线城市里的数百万娱乐时尚宠儿和潮流追捧者，因此在主要内容策划上是以深入的独家调查、有趣的图文组合、专业的作品评介，挖掘娱乐真相，解放娱乐思想。这一策划正是在坚持杂志调性，兼顾受众的接受方式的基础上形成的。

《南都娱乐周刊》作为中国大陆唯一一份娱乐新闻周刊，其发行周期为周刊。在发行布局上，专门针对都市高端人群的活动场所进行投放。在渠道选择上，主要以机场、地铁、书店等高端人群集活动的场所为主。由此来看，《南都娱乐周刊》

的态度营销脉络清晰,始终找准读者定位,实施精准发行,因此成为国内颇具影响力的娱乐型杂志。

将对杂志营销脉络的梳理方法运用到对淘宝直播平台现有主播的研究中,也可以将主播类型分为情感型、知识型、时尚型、生活型、娱乐型五种。针对这五种类型的主播的直播案例进行具体分析,可以帮助新手主播更好地理解直播间的营销方式。

如下图(图4.7)所示,该直播间的自媒体调性是根据"明星演员夫妻"的真实生活打造出的情感型自媒体调性。情感型主播需要能纾解粉丝内心深处的忧愁。在这个直播间中,老公扮演的角色是暖男,是会做饭的好丈夫;妻子扮演的是在直播间推荐好物、展示化妆技巧、把自己打扮得漂漂亮亮的"甩手掌柜"角色。这种回归生活的真实感和关于油盐酱醋的生活气息就是最吸引粉丝的地方。

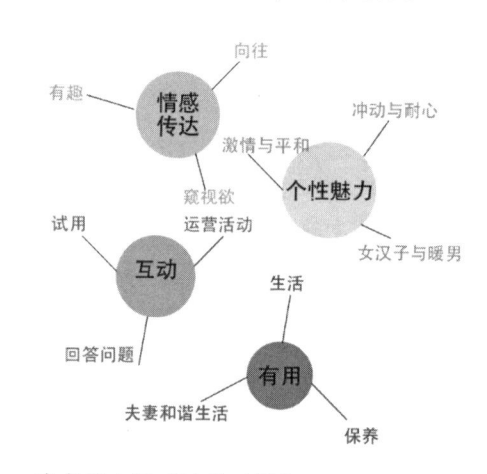

图 4.7 情感型主播"演员王冕"

在这样的直播间中,粉丝既能感受到演员激情的一面,又能体会到他们回归家庭后平和的一面。此外,女汉子性格的妻子和"暖男"老公所组成的具有冲突性的性格特点也是直播间的亮点之一。从深层来看,粉丝能够长久地关注主播的动力是在他们的夫妻情感上获得了某种满足感。有趣的夫妻生活,对明星日常生活的窥视欲以及对和谐夫妻关系的向往构成了这对主播的情感传达。

知识型主播应该能够帮助粉丝解决生活中的某些实际问题,比如微胖女生的穿搭技巧、冬至时令应该吃什么、熬夜上火后急救肌肤的妙招、如何挑选适合自己的好物等。以"禅石翡翠"直播间为例，这一直播间通过教授翡翠的品质鉴定和档次分类、真伪辨别方法、价格构成等知识，让粉丝能够进一步了解翡翠的价值。

直播间的互动是连接主播和粉丝的桥梁。禅石翡翠通过每场直播试戴 200 余个手镯，以实际行动回答粉丝的问题，讲解每只手镯的特点，这些构成了直播间基本的互动模式。翡翠属于高客单价的商品，便宜的价值千元，贵的动辄万元以上。面对如此高昂的价格，粉丝在下单前的顾虑也会增多，所以在直播间快速形成信任感就是主播展示个性魅力的首要目的。"禅石翡翠"直播间的主播通过细致耐心的讲解、试戴，以及丰富的阅历展示出翡翠的魅力，也获得了粉丝的信赖。

同时，基于直播的形式，商家消除了中间环节，让直播间内的翡翠性价比提高到了极致。市场价动辄上万元的手镯，在这里以 2~3 折的价格就能买到。这种对价格的满意度，以及对商家不断推出高品质手镯的期待构成了粉丝对直播间的情感传达。

生活型主播最关键的是要在生活状态和生活方式上对粉丝有所影响。在这一类别的直播间中，互动模式一般是通过"专家范"的互动实现的。专家是在某个领域有自己独到的见解的人，在社会上受人追捧。这类人在生活层面、情感精神层面、生活状态层面都可以对其他人产生影响。

主播"舒克 baby"是目前淘宝直播生活类目中流量最多的主播之一。她每天会在固定的时间进行直播，教粉丝跳减肥操，通过减肥训练和健康生活方式的传递，帮助白领女性以及回归家庭的女性活得更加健康。这种每天坚持不懈地跳操的行为在粉丝心中形成了陪伴感，因此也为直播间积攒了大量的人气。同时，粉丝在追随主播的过程中，也能在运动中产生愉悦感，再加上坚持一段时间后的瘦身效果带来的成就感，构成了该直播间完整的情感传达。

人在忙碌的日常生活中总需要一个宣泄口，而娱乐就是这个宣泄口之一。因此，娱乐型的主播最重要的就是要懂得如何给粉丝提供情感宣泄的途径。为什么许多人每天在上下班的时间段都会去看一些八卦呢？就是因为关注娱乐消息时，我们处于一种不需要动用脑子的放松的状态。

主播"这样的小马哥"利用自身开朗的笑容、帅气的外表、动人的歌声打造了轻松、有趣的直播气氛。粉丝们对他的关注有的是出于爱慕，有的是喜欢听他唱歌，有的则是喜欢他在互动中流露出的"逗比"性格。

在淘宝直播时代，想成为一个有吸引力的主播需要在最开始就规划好人设，策划直播间的自媒体调性，才能赢在起跑线上。

综艺自媒体的成功秘诀

其实，今天市面上能够脱颖而出的自媒体或是商业品牌，最终凸显的价值并不是产品或项目本身，而是在这些之上所传递出的态度、精神、价值观的独特性。换言之，观众与粉丝在消费时，也逐渐更倾向于考虑产品的精神内核。因此，自媒体的调性营销与态度营销应该体现为有用、情感、互动以及个性魅力四个关键点。只有掌握好这四点，才能在竞争中争得先机。

《罗辑思维》主张通过知识来解决职场焦虑，突出"有用"这一关键词。作为一档脱口秀节目，《罗辑思维》的口号是"有种、有趣、有料"，做大家"身边的读书人"，倡导独立、理性地思考。主讲人罗振宇认为，互联网正在成为我们生活中的"基础设施"，它将彻底改变人类协作的方式，使组织逐渐瓦解、消融，而个体生命的自由价值得到充分释放。在这一基础上，《罗辑思维》聚焦知识科普领域，致力于传播非主流的思考方式，目的在于打造有灵魂的知识社群，实现一帮自由人的自由联合。

《papi酱》是papi酱自拍的一系列搞笑视频，该节目内容诙谐有趣，加上无厘头的搞笑配音，给观众带来了无限的欢乐。《papi酱》这一节目，正是通过"情感"和"互动"，抓住了短视频UGC内容井喷的契机。在内容打造方面，《papi酱》充分结合了专业的影视知识，选题设计十分出众，覆盖从生活、娱乐到两性关系的许多话题。同时，papi酱本人以极其接地气的草根气质展开叙事，并结合时事热点，在几分钟的短视频内布置诸多贴近年轻用户的槽点，更直接地满足了年轻群体对娱乐视频的需求，因而也就能在当下"有趣"的节目并不多见的内容环境生态中脱颖而出。

《晓说》的走红则是通过高晓松的"个性魅力"实现的，历史知识和严谨的脑洞是他最大的"杀器"。经过几年的发展，该节目的选题变得愈发个性化与通俗化，诸如三国、金瓶梅、大航海时代等这些容易让人"先入为主"的主题逐渐减少，取而代之的是名人口述历史、美食演义、古代金融这些全新的视角，这些内容本身就具有极强的话题性和互动性。《晓说 2018·春季》每集的平均播放量近 1000 万次，总评论数超 7200 条，保持着极高的用户黏性。

不得不说，有用、情感、互动以及个性魅力是自媒体调性营销与态度营销的四个法则。自媒体自然不仅仅局限于综艺，如上文中提到的，主播及其直播间也是自媒体的一种。观察淘宝平台腰部以上的主播，不难发现他们在营销上都遵循了以上四个法则。

主播"喜洋洋-美食社"是一名五星级酒店的甜品师，G20 峰会期间曾经为各国领导人做过甜品。在直播中，她每天都会在直播间制作一道甜品，示范制作流程将直播间的"有用"法则发挥到了极致。

主播"九儿大魔王"的直播间可以用"魔性"二字来形容。她用搞笑、"有毒"的聊天方式，在嬉笑怒骂中介绍产品，使得观看直播的男女老少都能在第一时间感受到"情感"上的吸引力。

主播"美食家鞠丽斯"每天晚上 7 点都会以美食栏目的形式开启直播。她的美食内容输出以家常菜系为主，涵盖中餐和西餐，在美食制作完成后，还会进行成品展示，与粉丝互动，直播效果很好。这就是"互动"对粉丝的吸引力。

主播"暴走的蜜豆包"习惯于用喊麦的形式解说产品。有粉丝称，他的直播间"就像用做包子的手法做汉堡包一样"，有趣且令人念念不忘。这就是主播把"个性魅力"发挥到极致的表现。

看完上述直播案例，如果新手主播仍对直播间的营销感到无从下手，可以利用"自媒体内容方向参考图"（如图 4.8 所示）来理清思路。"自媒体内容方向参考图"能够帮助主播和自媒体人梳理内容方向，进行调性管理与态度营销。具体方法为：首先，拿出一张白纸，画上 X 轴与 Y 轴；其次，在 X 轴中写下主播调性的类型，如情感型、知识型、时尚型、生活型、娱乐型等；再者，在 Y 轴上从底部开始依次写上有用、互动、个性魅力、情感；最后根据自身特点，填充画面中心的内容即可。

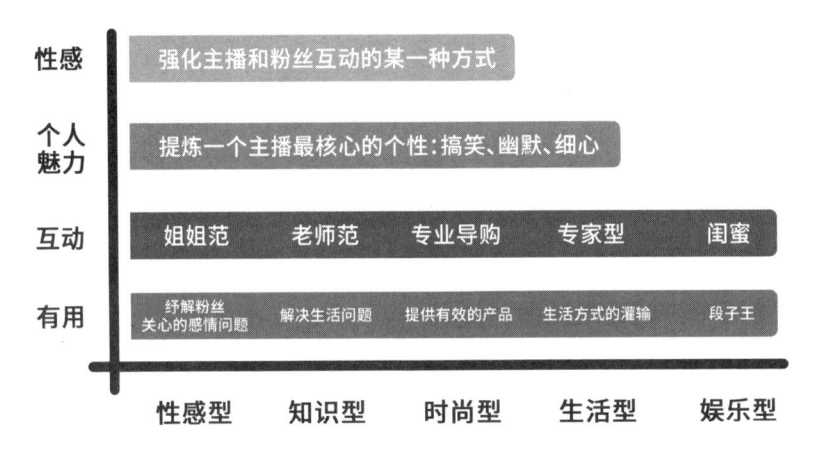

图 4.8　自媒体内容方向参考图

4.4　直播内容设计的参考模式

1992 年，广东省的珠江频道播出了中国大陆的第一个购物节目。1996 年，大陆第一个专业的购物频道北京 BTV 开播。可以说，电视购物在中国已经有近 30 年的历史了，其最核心的特点为它是基于媒体行业的基础上与零售行业相结合的产物。而淘宝直播是基于电商的基础上与媒体结合的产物，所以二者之间存在很多可以互相借鉴的模式。系统地分析电视购物的产品特点、话术逻辑、内容脚本设计大纲，对新手主播开启淘宝直播之路有着重要的借鉴意义。

电视购物的商品选择

一个能够成功卖货的电视购物栏目，需要具备两个要素。第一，所推广的产品的功能性一定是为人们所强需求的。产品作为电视购物的灵魂，关系到整个购物流程的成败。一个好的商品，是吸引消费者购买的关键。早期电视购物的商品大多是保健产品、医疗器械、减肥药物、增高营养品等。后来则涉及美容、健身、内衣、电子家电、居家用品、珠宝、数码产品等领域。一般来说，好的商品需要满足以下几个条件：有足够的市场空间、有足够的利润尺度、具有一定的差异化。

第二，产品的功能需要能用画面直观地表现出来。电视购物的媒体属性是视频化，因此在策划商品推广步骤的时候，主播需要深入研究商品的属性，从中提取能被视频化的产品特点，再通过画面强化产品特点，从而在电视频道中展现出产品的功能。

那么，在淘宝直播中，主播选择商品时需要考虑哪些因素呢？

首先，目标人群要明确。主播的人设确定后，他的目标粉丝群也基本上可以确定下来了。因此，在产品的选择上要充分考虑具体的受众定位，选择与粉丝的消费品位、消费水平相当的产品，才能创造更高的销售业绩。

其次，最好选择适合冲动消费的产品。直播卖货和线上店铺销售之间还是存在一些区别的，相应的，二者所选择的产品也应该有本质的区别。直播电商的消费动机更趋于冲动消费，即顾客在外界因素促发下所进行的事先没有计划或者无意识的购买行为。冲动消费具有事前无意识、无计划，以及外界促发下形成的特点。因此，具有"冲动消费动机"属性的商品更适合在直播中售卖，同时也需要主播在其功能性、外观、包装、广告促销、价格、销售点等方面进行细致的规划。

此外，弥补型产品也是一个很好的选择。目前市场上的产品琳琅满目、不胜枚举，但是细心的人会发现，市面上的某些产品的供应明显不足，或者需要一些合理的补充。在这种情况下，由于线下商店难以满足消费者的需求，他们就会更愿意在直播间中消费。因此，弥补型产品也属于淘宝直播潜在的产品范畴。

电视购物的话术逻辑

电视购物的产品话术主要有三个特点，即循环性，煽动性以及节奏性。循环性是从电视购物与平面广告的不同之处来看的。电视购物的视频播出时间比较长，观众随时有可能从任何一秒钟开始收看，也有可能随时离开，再加上产品的信息量又非常多，这就要求电视购物最大限度地重复产品的有效信息。

第二个特点是煽动性。事实上，煽动性是电视购物广告非常鲜明的特点。其重点是放大消费者的需求，用煽动性的话语和冲击力比较强的画面来刺激消费者的整体感官。电视购物是冲动型消费，煽动性最大程度上影响着消费者的情绪，能决定他们是否下单。

第三个重要的特点是节奏性。广告片的播放时间比较长，容易让人感到疲惫，这就要求在整个电视购物的过程中，主持人应该维持节奏张弛有度、情节简单有趣、语言朗朗上口、"音乐会呼吸"、"字幕在跳舞"的节目氛围。

这三个特点同样适用于淘宝主播的产品话术。

从循环性来说，直播间内的产品首先应该按照常规款、特色款、秒杀款进行分类，其次应该依据每天的直播内容设计来进行产品的循环介绍。循环一段时间后，再根据直播中消费者的反馈，提高热销款的循环性，同时降低其他产品的循环性。

煽动性在淘宝直播中可以体现为主播情绪的煽动性和产品表达方式的煽动性。比如，有的主播可以通过喊麦、唱歌、高声聊天和运营互动来营造气氛。产品表达方式的煽动性则可以通过试穿、做实验、对比等不同的方式来体现。

直播间的节奏性主要体现在内容安排的节奏性和语言话术的节奏感。比如美食主播通过展示厨艺、讲述商品、试吃商品构成内容安排的节奏性。此外，也可以通过声音的高低快慢，配合情绪和表情动作来掌控语言话术的节奏感。

电视购物的内容脚本逻辑

脚本原指表演戏剧、拍摄电影等所依据的底本或书稿的底本。除了电视节目、电影之外，短视频自媒体也需要提前策划脚本，每一个走红的短视频背后都有着优秀的内容脚本作为支撑。同样的，主播在设计直播内容时，也需要有相应的内容脚本作为底本，才能达到更好的直播效果。甚至可以说，只要主播能够掌握好内容脚本的创作逻辑，直播卖货就水到渠成了。

同样以电视购物为例，一个优秀的内容脚本是由哪些方面组成的呢？其内容结构总结起来可以分为三个部分：提出问题、解决问题、说服购买。首先，提出问题需要放大消费者的痛点与需求点，引起消费者的兴趣，抓住他们的眼球。这是讲解商品前的技巧，主播需要思考商品和消费者的深层联系，并从中提炼出问题。其次是解决问题，即基于消费者的痛点提供不同的解决方案。解决方案的提供一般会伴随着内容输出和产品讲解。最后一步是说服购买。说服是需要技巧的，主播可以通过"限时抢购""商品品尝""赠品""展示权威"等运营技巧以及基于商品性价比的精准话术来说服粉丝下单。

"九阳豆浆机"的内容脚本示例

提出问题： 提炼问题时应该从产品的核心价值入手。喝豆浆一直是国人的爱好，早在几千年前，我们的祖先就了解了豆浆养生、美肤的种种功效。比如《黄帝内经》中就记载了豆浆性质平和，具有补虚润燥、清肺化痰的功效；《本草纲目》中也记载了豆浆"利水下气，制诸风热解诸毒"；《延年秘录》上则记载了豆浆"长肌肤，益颜色，添骨髓，加力气，补虚能食"。通过历史书籍《黄帝内经》里的记载来讲述豆浆源远流长的历史，更能使人信服。同时，豆浆还含有其他饮品不具备的营养成分，如黄豆苷原可以调节女性的内分泌平衡，提高女性机体活力；异黄酮可以提高女性雌激素的水平，增强青春活力，延缓衰老；还有氧化剂、矿物质和维生素等，可以全面地补充人体所需要的营养。可见，豆浆具有非常大的养生价值，能够从根本上调节身体的内分泌，从而令身体充满活力，美化肌肤。由此可见，提出问题的过程就像抽丝剥茧一样，要将产品的内在核心展示给观众，这个过程同时也是逐步向观众推销的过程。

解决问题： 既然豆浆对人体有这么多的功效，就需要有好的设备来制作好豆浆。在介绍完豆浆的功效后，主播可以紧接着提出九阳豆浆机推出了一款全新五谷豆浆机的消息，并指出该豆浆机运用了最新的技术，结合古法熬制的特点，在短短几分

《九阳豆浆机》

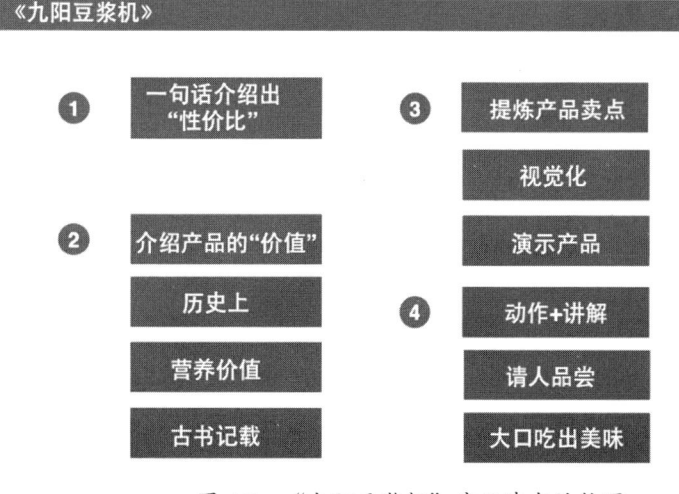

❶ 一句话介绍出"性价比"

❷ 介绍产品的"价值"
- 历史上
- 营养价值
- 古书记载

❸ 提炼产品卖点
- 视觉化
- 演示产品

❹ 动作+讲解
- 请人品尝
- 大口吃出美味

图 4.9 "九阳豆浆机"产品脚本结构图

钟内就可以熬出味道鲜美的豆浆。同时，这款豆浆机还可以根据个人的喜好自行配制五谷，熬制出独具特色的个性豆浆。

说服购买：说服粉丝是需要技巧的，可以通过"展示商品的稀缺性""产品卖点提炼""展示权威""商品演示""商品品尝"等方式进行。

稀缺性会促发需求的产生，并且能鼓励人们更快地下单购买。社会心理学表明，失去是一种比得到更强烈的情感。利用这一心理，主播可以从这款豆浆机的畅销现状入手，如这款豆浆机在官网一度售罄等，来刺激消费者的心理，促使其更快下单。

提炼产品卖点时，主播可以首先提到这款豆浆机是历经七年的技术积累和研发制造出来的，能够保证消费者在最短时间内喝到一杯浓香可口的新鲜豆浆，全面补充人体所需的营养成分。其次，可以提出自制豆浆能充分保证食品卫生安全，喝起来豆香醇正，口感更好。目前消费者对于食品安全的关注程度越来越高，家用豆浆机的存在恰好可以让消费者远离市面上可能存在安全隐患的豆浆，从这一点着手，就能够有力地说服消费者进行购买。

展示权威也是说服购买环节的有力武器。九阳（Joyoung）是中国厨房电器的行业品牌，致力于豆浆机、电饭煲、榨汁机、料理机、面条机等适合中国人的产品研发。此外，2018年九阳品牌还入选了CCTV国家品牌计划，荣获行业领跑者称号。以品牌的历史、成就为切入点，具体说明产品的可信度，也是说服粉丝下单的重要方法。

此外，还可以通过主持人的动作、讲解来进行全方位的商品演示。比如，在直播中，主播首先将泡好的黄豆拿出来，用清水清洗后放入豆浆机中并加水，然后装好网罩，放好机头。随后按下豆浆机器的按钮，就可以开始自动熬煮豆浆了。文火熬煮5分钟后，味道浓郁的豆浆就制作好了。主播亲自演示豆浆的制作，可以更生动地展示产品性能，让观众更了解产品。

商品品尝的环节也很重要。在直播中，氛围是很重要的，有时候主播讲得过多，观众可能反而将信将疑，迟迟不肯下单。但这个时候，如果有嘉宾前来品尝一下，并在直播间夸赞产品，效果就会非常好。

4.5 不同品类直播的内容脚本设计案例

食品类直播的内容脚本设计案例

在 2018 年的"双 11"活动及"双 12"活动期间，细心观察淘宝榜单的人不难发现淘宝直播平台的变化以及消费者对直播品类的喜好的变化。在 2018 年"双 12"活动期间，有两位食品类目的主播冲到了红人榜的前 50 名，还有一位食品类目的主播冲到了巅峰榜的前 100 名。以前食品类目在淘宝直播中只能算是小类目，其流量远不如服装类、珠宝类、彩妆品类等大类目。但从 2018 年榜单的变化可以看出，只要细致运营，小类目的直播间也可以获取大量的观众，冲到榜单前列。

食品类直播将产品呈现在直播媒介上的时候，需要选择与超市、菜市场、百货店里面触手可及的商品不同的产品。这种独特性主要体现在产品品类稀奇，或者在某个时节流行但当下不容易买到，以及属于祖传的、珍贵的手艺等方面。下面的食品类直播案例，就是围绕着产品独特性、稀缺性、地域性和时节性展开介绍的。

食品类电视购物案例：百年中华美食——驴肉

产品选择：驴肉。驴肉的不饱和脂肪酸含量，尤其是生物价值特别高的亚油酸、亚麻酸的含量都远远高于猪肉、牛肉。而驴肉火烧是一种华北地区极为流行的传统小吃，起源于保定，广泛流传于冀中平原，在秋冬季节进食俱佳。这个食品作为直播类产品，同时具备了地域性，独特性和时节性的特点。

提出问题：主播可以先询问粉丝，冬季吃什么食物抗寒？在寒冷的冬季，大家都会裹得严严实实地来保暖。其实，通过饮食搭配的方法来抗寒也是十分有效的。此外，秋冬季节更是高血压、冠心病的高发期，什么样的食物可以预防和缓解这些疾病呢？

"提出问题"的设计一方面要结合消费者的痛点发问，这样才能吸引消费者的注意；另一方面，所提出的问题要和销售的商品之间有内在的逻辑关系。

解决问题：火锅是秋冬季节的最佳滋补美食，而驴肉火锅则可谓是美食中的养生极品。秋冬季节适合调理积年劳损以及久病之后的气血亏虚、短气乏力、食欲不振、心悸眼花、阴血不足等症状。驴肉中含有高蛋白、高氨基酸,还含有动物胶、骨胶肮和钙等成分,能为老人、儿童、体弱者和病后调养的人提供充足的营养补充。

说服购买:主播可以通过不同驴肉产品的价格对比、性价比对比、试吃试做的形式打消消费者的顾虑,引导购买。

食品类直播的视觉逻辑

直播间推荐的产品的功能性一定要是为人们所强需求的。因此在直播中,主播需要将产品的功能用直观的形式表现出来,即对其做可视化处理。对于食品类直播来说,一般会通过数量感、质量感、价格感、美味感来展现食品的色、香、味。我们同样以电视购物中的驴肉销售为例。

数量感是指快速理解、估计和产生数量,并对数量进行表征以及理解数量间关系的能力。数量一般是由具体的数字构成的,需要提炼信息形成具体的视觉画面,才能影响消费者的心智。数量感可以通过大面积铺陈形成"多"的视觉形象。在上述驴肉案例的直播画面中,主持人将大量的袋装驴肉粘贴起来放在工作台上,形成了一个面对镜头的、方形的展示区(如图 4.10 所示)。这样的展示能在视觉上给人很深的印象,即让人觉得产品面积大、数量多,进而促使消费者对产品价格产生"划算"的印象。人们很容易相信眼睛所看到的表象,眼睛看到后形成的视觉印象一般会成为决策购买时的关键信息。

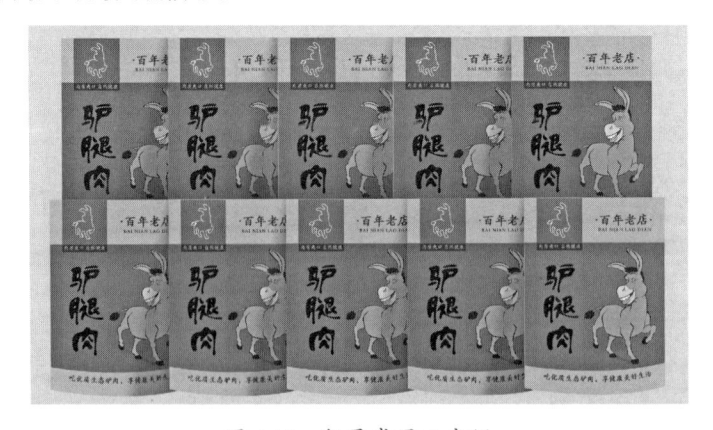

图 4.10 数量感图示案例

除了产品摆放之外，也可以通过原材料的稀缺性来体现数量感。比如，在上述案例中，产品的卖点为该产品是用驴腱子肉制作的。主持人通过一张驴全身部位的比例图（如图 4.11 所示），说明了驴腱子肉在整个驴肉当中的占比为 1% 的事实，是驴肉中不可多得的精华所在，脂肪最少，蛋白质最高，还可以补充人体每日所需的钙、铁、维生素等多种微量元素。这 1% 的精华是直播中的商品核心卖点，给粉丝的心理暗示是：商品的质量高，性价比高。

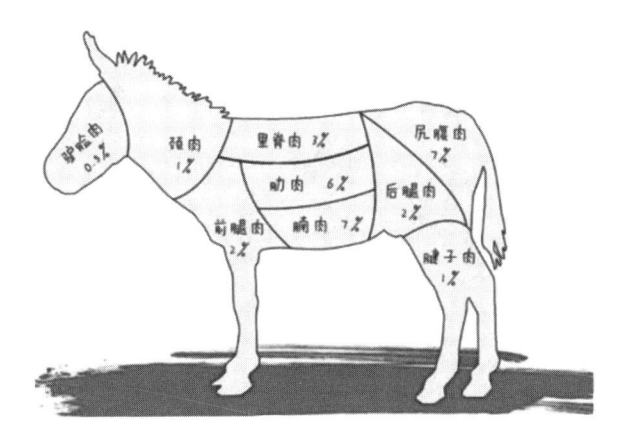

图 4.11 驴肉部位比例图

此外，通过标明产品的克数也可以将商品的数量可视化。在上述案例中，主持人展示的是一张标有克数的图片，画面第一行中标示着"百年聚华驴腱子肉 150g/袋 *12 袋"的字样。画面下方则展示了商品的价格。这样一幅画面在消费者心中形成的印象是：只需 273 块钱就可以买到 12 袋 150 克的驴肉。在这一案例中，影响消费者心理的过程其实是环环相扣的，首先通过大面积的商品呈现使消费者产生物超所值的视觉印象，再通过采用产量仅有 1% 的精华驴腱子肉让消费者产生商品品质极佳的印象，最后利用克数与袋数的标识使消费者产生物美价廉的数量印象，循序渐进地引导消费者购买产品。

以突出产品质量感的可视化途径来推荐产品也是十分有效的。

食品质量是由各种要素组成的，如安全性、营养性、可食用性、性价比等要素。食品的安全性是指食品在消费者食用、储运、销售等过程中保障人体健康和安全的能力。营养性是指食品对人体所必需的各种营养物质、矿物质元素的保障能力。可食用性是指食品可供消费者食用且不会危害到食用者身体健康的性质。

对于真空包装的食品，消费者首先关注的就是其新鲜度与安全性。主持人在展示这款驴肉时通过手撕、刀切等方法，让消费者看到了产品最真实的一面。从画面中（如图 4.12 所示）可以清晰地看到，驴肉色泽新鲜、有筋有肉，让人垂涎三尺。通过这样一种方式，可以迅速地赢得消费者对产品的信赖，进而促使其产生购买行为。

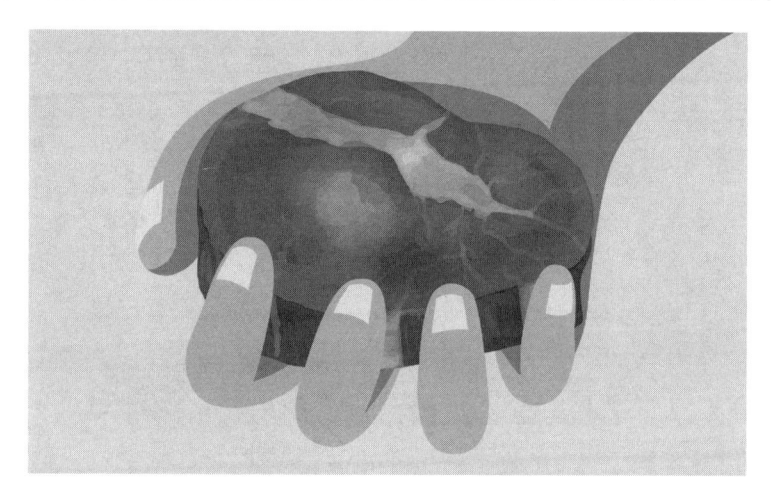

图 4.12　驴肉销售直播画面示意图

价格感的可视化可以通过数字的对比来呈现。人们最容易关注到价格的场所之一就是超市。去超市买东西是人们日常生活中最常见的一种消费方法，因此超市产品的价格基本上就是观众在线上购物时的心理预期价格。如图 4.13 所示，主持人在电视购物的推销画面中使用了一张超市货架上同类商品的照片，且对价格标签进行了放大处理。在看到这个画面时，观众就会自行进行对比，觉得购物频道中 273 元 12 袋的产产品价格与超市里 98 元 1 袋的价格相比，显得非常实惠。这种直观的数字刺激往往也是刺激消费的最佳方法。

价格感也可以通过与饭店里的同类菜系进行对比来凸显。在上述案例中，主持人还使用了一张饭店的价格菜单作为画面背景（如图 4.14 所示），菜单中显示驴前腿肉为 120 元每斤，驴肉为 70 元每斤，驴皮为 68 元每斤。在饭店吃同样食品所花

图 4.13　驴肉销售直播画面示意图

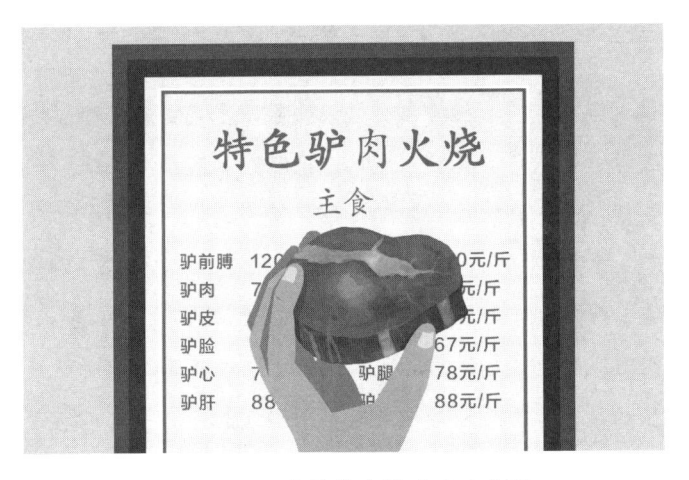

图 4.14　驴肉销售直播画面示意图

费的价钱和购物频道中成品的价格形成了鲜明的对比,更凸显了所售产品的实惠性。

在直播时体现产品的美味感是十分重要的。美食是人类文明的产物,是人类所向往与追求的东西。对于饮食与享乐之间的内在联系,人们很早就意识到了。中国古代就有"君子以饮食宴乐""君子有酒,嘉宾设燕以乐"的记载。法语中的"美味"也有"愉快"的含义。由此可见,对于很多人来说,在饮食活动中追寻快乐和满足的意义是最简单、也最深远的。因此,中国古代才有"民以食为天"的说法。

在直播中，美味感往往是通过"吃"的这个动作来实现的。主持人可以通过已录制好的视频或者照片实现"吃"的状态的视觉化。比如全家人一起"其乐融融"的"吃"；晚辈孝敬长辈"敬老尊贤"的"吃"；父母爱护幼子"舐犊情深"的"吃"等。总之，在"吃"的氛围营造方面，可以根据产品特点、环境背景、人物状态等具体展开设计。

美味感也可以通过"制作"的过程来实现。从人类审美意识产生和发展的进程来看，味觉审美是人类审美活动的渊源。迄今为止，人类一切活动都是为了让生活更美好。在任何时候，人类的饮食活动都应该是最基本的实践活动之一。因此，在直播中展示食物的美味感，对观众的吸引力无疑是巨大的。

通过不同食品的制作，主持人可以树立属于自己的行业类目标签，在展现形式上深入挖掘产品可以视觉化的部分。如前文提到的案例中，驴肉有很多种做法，或卤或炒或炖，但主持人选择以火锅的形式在直播中进行展示，正是为了凸显"热闹"的氛围。火锅是大家常吃的一种美食，可以使整个现场看起来热气腾腾，也能很好地把驴肉的色香味呈现出来。此外，还可以把驴肉制成驴肉火烧。很多人对驴肉的第一味觉印象都是从吃驴肉火烧开始的。而且驴肉火烧制作简单，是家喻户晓的美食，堪称"中式汉堡包"。通过食品的两种制作方法，体现了菜品的季节性为冬季，也体现了菜系的家常性和易操作性，将驴肉的优点恰如其分地展现了出来。

上文通过对食品类直播的拆解和分析，展示了内容脚本的视觉逻辑。数量感是配合食品摆放面积、克数、产量等相关信息来描述的；质量感是通过观察食品颜色和新鲜度来实现的；价格感是通过与超市、酒店、饭店同等商品的价格对比来凸显的；美味感则是通过"吃"的动作、表情、氛围以及"吃"的环境来传递的。

服装类直播的内容脚本设计

服装作为最早进入淘宝直播频道的类目，从总流量池的分配来看，是淘宝直播平台最受欢迎的频道之一。服装类目的直播在数据上的表现也十分抢眼。据统计，"潮搭攻略"的总观看人数为701208005人，观看人数占总流量池的40.57%；淘宝平台资源位"主播优选"的总观看人数为241482246人，观看人数占总流量池的13.97%；"珠光宝气"的观看人数为172829385人，观看人数的占总流量池的

10%。

服装类主播从运营维度上来说是所有类目中要求最高的,需要从人、货、场三个维度来细致运营。所谓的"人"是指主播自身的控场能力及对粉丝(消费者)的群像分析。"货"是指对当下的实时热点进行跟进,挑选主播上身效果好、性价比高的产品进行销售。"场"是指直播间灯光及观看效果和直播间内容活动的策划。此外,服装品类的直播主要需要突出服装的历史感、品质感、人物感以及价格感,同样是运用视觉化的手法来呈现。

服装类电视购物直播案例:手工钉珠刺绣外套

服装工艺中时常流露出历史感。在手工钉珠刺绣外套的推广节目中,这款服装的核心卖点就是刺绣工艺。如图(图4.15)所示,在该直播中,主持人围绕着刺绣工艺进行讲解,通过展示皇家龙袍的图片,清晰地展现了刺绣工艺的复杂性以及刺绣作为艺术品的价值。此外,主持人还提到了古代的皇亲国戚对刺绣服装的喜爱,一步步地展示了刺绣工艺的历史感。手工刺绣服装的历史源远流长。京绣从明清时期开始大为兴盛,多用于宫廷装饰与服饰当中,用料讲究、技术精湛、格调高雅。在用色上,京绣还讲究"黑为玄、黄为权、红为喜、蓝为贵"。京绣中最好的针工为"平金打籽"绣,是以真金捻线盘成图案,或结籽于其上,十分精致华贵。直播图片中所展示的就是以这样的工艺制成的一件龙袍。该直播通过对皇家服装的展示,为展现刺绣类产品的贵重感奠定了基础。

图 4.15 服装类电视购物画面示意图

在选购一件衣服时，人们最先关注的是什么呢？相信绝大多数的人，尤其是年轻人更在意的是服装的款式以及服装品质。因此，在直播中一定要体现出所售服装的品质感，才能让观众放心地购买。这一点可以通过独具匠心的图样设计，与众不同的面料、考究的辅料来体现。在案例中，主持人主要展示了设计师的手绘画稿，把设计师设计的服装图案装裱成一张画，放到了画架上。如此充满仪式感的展示，所要传递的信息就是手绘设计是具有艺术收藏价值的。同样的，这也是在暗示消费者，如此精心设计出来的服装款式必然是精品，不仅不容易与他人撞衫，而且不容易过时。

在展示服装的品质感时，面料也是其中很重要的组成元素。无论服装的设计细节如何精美、走线多么均匀整齐，一旦面料粗糙扎人或到处起球，那便是消费者无论如何都不能忍受的。在刺绣工艺中丝线的选择很重要，决定了工艺最后呈现的效果，所以主持人选择在直播中展示刺绣所用的丝线（如图 4.16 所示）。通过镜头，可以看到一捆金丝线在灯光的照射下熠熠生辉，这一画面使消费者对其真实性和品质感有了很直观的印象，更容易促成他们下单购买。

图 4.16　服装类电视购物画面示意图

在对刺绣工艺品的辅料进行展示的时候，主持人选用了配饰——串珠进行展示（如图 4.17 所示）。这件"女神战袍"的刺绣工艺，除了采用优质丝线以外，还用了精致的串珠进行装饰。直播中的展示可以让消费者清晰地看到串珠的细节，这种复杂细致的工艺说明了手工制品具有做工精细、耗时久的特征。这样由点到面，由细节到整体逐步深入的展示，能让消费者对即将销售的大衣产生更多的期待。

图 4.17　服装类电视购物画面示意图

上述案例对于人物感的体现是通过包装产品设计者的方法来实现的。直播中展示的这件衣服的一个核心卖点为：它是著名服装设计师的设计作品。在进行人物背书的时候，主持人通常会通过名人的成长经历、获得的荣誉、经历过的重大事件来进行描述。在直播中，镜头内依次出现了关于这位设计师的介绍、设计师在 T 台接受采访、设计师在自己的秀场接受采访、以及设计师现场为模特手绘服装的视频片段。通过放大设计师的个人成就，在消费者心中种下一颗消费的种子。由此消费者会觉得，这款衣服不是普通的市场货，而是高定款。高定款即高级定制的款式，起源于法国。对于普通消费者而言，"高定"这个概念代表了价格贵、手工制作、私人定制这三个特点。这无形中就提升了产品的档次，为销售造势。

对商品价格的展示是需要技巧的。价格是人们选择商品的一个重要因素，消费者对不同商品的价格变动的敏感性是不同的。一般来说，消费者对经常购买的日用品的价格变动很敏感，对购买次数较少的高档商品的价格变动则比较迟钝。越是与日常生活密切相关、购买频率越高的商品，消费者对其价格变动的敏感性越高、反应越强烈。相反，非生活必需品、购买频率低的商品，消费者对其价格变动的敏感性就比较低。当然，消费者的价格意识也与收入水平相关。收入越低者，对价格的敏感性越高。收入越高者对价格的敏感性越低。在展示商品的价格时，主持人应该针对不同的消费群体采用不同的展示策略。

在该案例中，主持人主要是通过展示原价产品标签、展示网上其他绣品动辄上万元的收藏价格、展示其他同等工艺的服装价格等方式来凸显商品的价格感。在此之前，通过对这件服装的历史感、品质感、人物感的铺垫，消费者心中已经形成了"这是一款购买次数少的高端商品"的印象。再加上同类产品价格的渲染，在消费者看来，这件服装的价格一定十分昂贵。完成了以上对比后，主持人就可以开始揭晓它的最终价格了。首先主持人向观众展示了该服装的价格为1880元，又提出折后价为1721元，当消费者以为这就是最终价格的时候，主持人手里又拿出了一个福袋，打开福袋后里面显示的价格为1689元。前后的价格差会给消费者造成该节目所销售的商品物超所值的印象，为说服其消费进行铺垫。

除了营造历史感、品质感、人物感、价格感之外，在服装类直播间中，模特的选择也是十分重要的。一名具有综合素质的服装类主播对于服装内涵的诠释具有重要的意义。好的主播可以赋予服装生命力，有时还可以为服装带来二次创作的效果。上述案例中，一共选择了三个模特对这件刺绣服装进行展示。众所周知，服装的角色是服装在特定穿戴环境中的最佳形象，是由服装的个性所决定的，受穿戴环境限制。因此，在选择模特时，要尽量选择最能诠释服装角色的人。

第一位模特的角色是一名具有知性气质的"教授"，她身穿浅蓝色重工刺绣钉珠上衣，搭配白色九分微喇裤，展示了服装的知性美。

第二位模特的角色是"名媛"，她以白色礼服搭配宝蓝色重工刺绣钉珠外套，举手投足间展现了名媛的高贵感，既符合服装的角色风格，又体现出了表演者的个性。

第三位模特的角色是"贵太太"。她身穿宝蓝色重工刺绣钉珠外套，稳重大方，在展示时还根据直播需要进行了演绎，准确把握贵妇人的神态、步态，表现出了不一样的情绪和韵味。

除了利用模特展示服装外，直播节目对服装的场景式陈列也很重要。场景式陈列是指将展品以某种生活场景或情节。这种陈列方式因其所表现的场景往往来源于生活或者观众熟悉的事物，所以能让观众产生亲切感或强烈的共鸣。另外，根据不同的品牌定位，设计师可以尽情地发挥想象力，在相关场景中充分显示不同风格时装的品牌特色。如果是运动风格的产品，可运用展台、色彩以及灯光，营造高速、动感的场景，选用神态夸张的人造模特，配合造型洗练、色彩明快的服装，会有生气勃勃之感。如果展品服装属于优雅成熟的类型，设置场景时可以以舒适的沙发或华丽的镜子为主体，附加轻柔幔帐或仿古烛台等物品，在迷蒙的灯光下，服装所需展现的感觉就呼之欲出了。该案例的场景陈列方式参考的是博物馆的服装展示方式，将这款手工钉珠刺绣外套放置于玻璃展示柜中，使其在灯光的照射下熠熠生辉，凸显高贵感。

以上服装类直播的案例展示了内容脚本的视觉逻辑：在体现历史感时，重点讲述的是刺绣工艺，配合龙袍的图片来展示；体现品质感时，讲解的是丝线、小钉珠等原料；展现人物感时，主要提及设计师，通过烘托设计师的品位来宣传服饰；在价格感方面，主要是运用与其他同类商品进行对比的方法来体现的；此外，该直播还设计了服装展示环节，通过不同风格的模特来演绎服装不同的角色个性。

秒杀类产品的内容设计

秒杀指的是卖家在网上发布一些超低价格的商品，所有买家在同一时间进行抢购的一种销售方式。秒杀利用限时限量、先到先得的营销手段，刺激消费者购买产品。参与秒杀活动的用户的基础心理诉求主要有以下三个方面：

第一是商品原价很贵，但在打折的基础上形成了从贵到便宜的价格反差。这种由价格反差带来的消费欲望是消费者很常见的一种心理。也许消费者以前就听说过这个品牌，但由于商品价格太高一直没有进行消费，当它推出折扣活动时，消费者就会跃跃欲试。

第二是商品质量很好，价格也适中，但由于货量不足，有一定的稀缺性，需要消费者进行秒杀抢购。稀缺性也是消费者在面对秒杀类商品时常见的心理诉求之一。

第三是有知名度的品牌参加大型促销活动，比如"双11""双12"等。当品牌参加这种大型活动的时候，消费者在抢购氛围的影响下更多表现出来的是"捡漏"的心态。

因此，主播在开展秒杀类活动之前，一定要换位思考，先考虑消费者想通过参与秒杀活动满足哪些诉求。如果直播间能提供消费者想要的产品或满足消费者的心理诉求，就能实现快速涨粉，提高产品销量。

一般来说，秒杀类直播间可以分为两种，即品牌折扣型直播间与活动大促型直播间，二者的直播侧重点有所不同。

品牌折扣型直播间在直播内容设计方面需要抓住三个要点：

第一，由于该品牌的商品价格之前较昂贵，现在却很便宜，所以主播在讲解的时候可以口述报价，或者用标签展示价格，通过对比突出秒杀价格的实惠，以此说明直播间里的商品是物超所值的。

第二，产品的质量非常好，而且数量具有稀缺性。比如，主播可以通过展示品牌服装的面料、款式、搭配等细节来说服消费者购买商品。

第三，展示直播间价格与专柜价格的反差。很多商品因价格昂贵，往往让普通消费者望而却步。然而在专柜要价上千元的商品，在直播间可能只用原价2~3折的价格就可以买到，这就引发了消费者"捡漏"的心态，刺激其消费。

活动大促型直播间（如图4.18所示）的内容设计需要注意以下两个方面：

第一，一定要通过活动让老粉有参与感。老粉就是关注了主播很久的粉丝，他们中大多是回头客，对主播的信任度很高。在这一点上，主播可以在直播话术中多次重复活动规则，让老粉帮助主播分享直播信息，吸引更多的熟人进行消费。

第二，一定要通过和助理或者运营人员的配合，在直播间营造出热闹的氛围。品牌商的

图4.18 活动大促型直播间画面截图

线下大促一般是和商场活动合作的,在促销活动商场或者节日的氛围中刺激消费者的购买欲望。其实,线上销售也是一样的,在大促活动时,主播需要适当地缩短介绍每个款式的时间,即加快过款的速度,让粉丝有一种抢不到商品的紧迫感,促使其快速下单。

第五章
快速提高主播人气——直播间流量运营方法

流量时代的到来，伴随着公众号自媒体、短视频、直播的兴起，带来了铺天盖地的资讯。充斥在所有自媒体人耳中的都是各式各样的成功案例，如"淘宝直播女王"薇娅一场直播卖掉2.2亿元的货物；李佳琦一句"Oh my God"就能让多款口红卖到断货；抖音平台的正善牛肉哥不仅能卖牛肉，还能卖红酒与口红等。这不仅是流量时代，同时也是流量变现的时代。当然，流量时代应该以内容为王，在直播领域中亦是如此。但是光有内容远远不够，流量的运营对于直播间的成败也起着重要的作用。直播间的流量组成是什么？如何获取更多流量？如何解决直播间流量匮乏的问题？在实现流量变现之前，这些问题都是亟须解决的，否则淘宝主播就无法从中获得利润。

5.1 直播间的流量包括哪些？

现如今淘宝直播越来越火，各种玩法也越来越多。淘宝直播一年的销售额可以达到千亿元，给商家带来了超过60%的销售额。目前，带动成交量最高的五个直播类目分别是珠宝类、女装类、流行饰品类、美容护肤类和童装类。现阶段来说,淘宝直播已经成为主流的商业模式之一,已出现了近百家年引导成交量超过 5000 万元的店铺,可见淘宝直播的流量对于店铺销售额提升的重要性。

然而,现实往往是"有人欢喜有人愁"。除了头部主播之外,有不少主播或商家经常反馈直播间流量不好,转化率不高。对于主播来说,日复一日地坚持直播并不是最难的,更难的是在效果很不理想的情况下继续坚持。

其实,要想解决流量匮乏的问题,首先要了解淘宝直播平台的流量组成。淘宝直播平台的流量大致可分为四类:站内流量、站外流量、活动流量以及付费流量。

顾名思义,站内流量就是在淘宝平台获得的流量;站外流量就是在淘宝平台以外的地方获取的流量;活动流量是指通过报名参加淘宝官方活动所获得的流量;付费流量是指主播通过付费服务的形式获得的流量,目前有淘宝直通车及钻石展位两个途径可获得付费流量,其中比较受欢迎的是钻展推广活动。

淘宝直播的站内流量(如图 5.1 所示)又可以分为公域流量和私域流量,这二者可以简单地理解为公共区域流量和私有领域流量。公域流量即所有主播都可以在公共展示位获得的流量,也就是在淘宝直播频道获取的流量。对于公域流量的获取,还会涉及直播间的浮现权问题,没有浮现权的直播间流量入口会比较狭窄,虽然并不是代表没有流量进入,但是会受到比较大的限制。

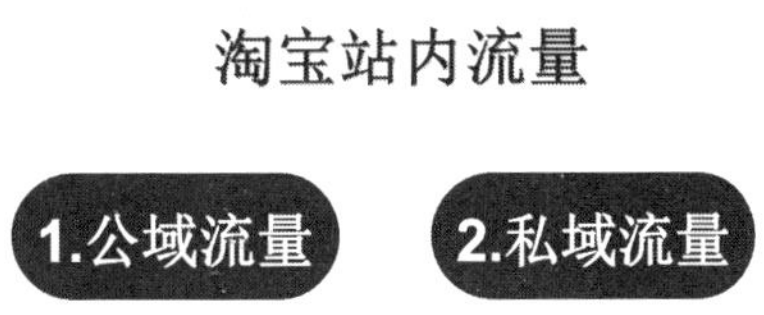

图 5.1 站内流量构成图

那么,主播还可以通过哪些渠道来获取更多的公域流量呢?影响公域流量的九个因素为:图片、标签、标题、开播时间、开播时长、预告商品、开播地点和直播看点。

图片也就是直播封面图。封面图相当于一场直播的门面担当,会直接影响直播间的流量和数据。在淘宝直播频道中,大部分人都是通过点击封面图进入直播间的。需要注意的是,封面图不能一味地追求好看,还要充分体现主播的人物定位,不然会导致虽然点击率高、流量大但停留时间短、消费转化率低等问题。此外,粉丝点击进入直播间也可能是被封面图上展示的产品所吸引的,所以有必要在封面图中体现直播间所销售的产品。

标签也是影响公域流量的重要因素。2019年1月，淘宝直播栏目的标签功能实现了升级，与之前相比，分类更加详细，比如增添了羽绒服专区、大码穿搭、呢子大衣、运动服饰等类目。另外，服饰穿搭频道的规则比较特殊，会实时更新跟季节有关的标签。对于还没有粉丝基础的新手主播来说，开播前最好确定一个常用标签，不建议经常切换标签。

直播间的标题可以更有针对性一点，比如以产品活动主题为主，根据与封面图相呼应或与直播产品相呼应的原则来制订标题。主题类标题可以选择有关热门电视剧的妆容模仿、粉丝福利日活动等话题；比较有个性的标题也是很受欢迎的，如"祖国在你附近""520名非吃货""拯救假期综合症"等。在确定直播间标题时，主播可以充分发挥想象力，但是也要注意不要触犯淘宝的相关规则（如使用虚假信息为标题等）。

在开播时间的选择上，有两种比较普遍的选择，一是在达到流量高峰的时间段进行直播，一是选择最冷门的时间段进行直播。一天中各个时间段内的流量是如何分布的呢？这一点从官方公布的高峰期直播的时间段就可以看出来。对于新手主播，建议在最冷门的时间段开始上播，这个时间段头部、腰部主播较少，容易获得更多的流量，也更容易进行粉丝的积累。

新手主播的开播时长应保持在每天四个小时以上，最好在六个小时左右。这样的直播时间基本上是足够的，对处于这个阶段的主播来说，粉丝增长量与直播时长并不是同步上涨的，因此一味地延长直播时间的作用并不是很大。

直播商品的预告对于吸引观众进入直播间也有着举足轻重的作用。预告视频中除了图片和标题要互相对应外，也可以在确定第二天的直播产品的情况下，加上款式预热部分。在拍摄预告视频时，建议主播运用多个场景，切换多套装扮，特别是服装类目的主播，这样做的好处更加明显。

开播地点也就是直播的地域标签。除了选择直播的具体地点之外，现在很多主播也会将地点手动改成虚拟地域，比如显示为"附近200米"等。

直播看点（如图5.2所示）功能可以提升直播时宝贝转化的效率以及优化用户观看直播时的购买体验。如果某一直播间使用了直播看点功能，其用户在点击直播间屏幕或拉动时间轴时，就可以快速查看每一个宝贝讲解时的看点内容。这一功能无疑可以快速引导消费者下单。当用户点击快速查看宝贝讲解中的任意一个宝贝时，直播间的画面内容会直接跳转到讲解该宝贝的视频，且在购物车旁边有"回到直播中"五个字，点击该按钮又可以切换到直播画面中。这一功能对于主播而言，可以提升宝贝的成交量；对于消费者来说，则可以优化观看体验，同时还能根据自己的喜好随时切换到直播间内指定的宝贝讲解片段，十分方便。除此之外，直播看点功能的好处还有很多，比如正确使用直播看点功能的直播间将会被平台推荐，获得更多的公域流量等。

使用了"直播看点"功能的直播间，用户点击直播间屏幕或拉动时间轴时可以快速查看每一个宝贝讲解时的看点内容能快速引导消费者下单。

图 5.2　直播看点功能示意图

站内流量也称私域流量，是主播可以通过努力争取到的流量，其来源主要是粉丝群和微淘板块。

在没有浮现权的情况下，直播间流量的主要来源就是从粉丝为主的私域流量。所以主播一定要维护好自己的粉丝群。在直播中，主播需要引导流量点击关注直播间，但并不是关注完就结束了，还要引导粉丝加入粉丝群。粉丝群的存在是为了主播能够更好地与粉丝进行交流，加强彼此的联系。此外，一天到晚在淘宝群聊天的人还是很少的，最好能将淘宝群的粉丝引流到其他 App，如微信群等。积累了一定量的粉丝之后，还要对粉丝群体进行分类。分类的目的依旧是为了更好地管理粉丝、引导粉丝。

主播"喜洋洋 – 美食社"是一个美食主播，根据粉丝的动手能力，她将粉丝分为了"小羊初级西点课"和"小羊高级西点课"两个群体，分别在两个群中教授相应难度的课程（如图 5.3 所示）。此外，还有"小羊锦鲤群""小羊真爱群"和"小

图 5.3 主播"喜洋洋－美食社"个人主页及粉丝群

羊黑粉群"。"黑粉"原指不喜欢某个明星、名人的人。但在此"黑粉"是主播和粉丝的一种特殊的、调侃的昵称,群内的成员都是主播的资深真爱粉。在这些群里的都是热爱烘焙的粉丝,他们每天会在群里交流烘焙技巧,主播也会将甜品配方发到群里。在这样的交流中,粉丝就会越来越了解、喜爱主播。

微淘版块也是私域流量的来源之一。目前来说,还是有不少主播和商家忽视了这一部分流量。在微淘,商家可以发布视频与图文动态,这些动态分为美食、园艺、居家等许多类别(如图 5.4 所示)。凡是在微淘发布的动态都有机会在微淘首页进行展示,并获取一定的流量。据 2018 年下半年的数据来看,图文类的内容会比较容易被微淘推荐,视频类内容的阅读量则会相对高一点。

另外,微淘还有达人成长体系。主播账号的等级越高,相对应的等级权益也会越来越多,如搜索直达、粉丝定制、内容号推送、角色认证等功能。同时,主播还能拥有达人标识,如淘女郎、时尚设计师、时尚买手、时尚搭配师等。

活动流量是指通过报名淘宝官方活动所获得的流量。在此需要提到的一个概念是"造节营销",这是电商惯用的一种营销手段,是指一些企业自发将非节日打造

图 5.4 微淘板块截图

成节日来宣传或促销。其中最著名的就是天猫电商制造的"双 11"购物节。

其实，除了"双 11""双 12"之外，淘宝平台每个月都会举办内部推荐的各类活动，不同的类目、不同的直播号都有相应的活动内容。这些活动带来的是公域流量。从 2018 年下半年开始，淘宝平台针对直播的活动越来越多，因此，主播一定要重视官方活动所带来的流量。在 2019 年的造节运动中，淘宝直播至少诞生了 20 个活动日，真正做到了每周有小活动，每月有大活动，配合同类行业的行业性活动和其他板块的活动打通流量。单从 2019 年 2 月份来看，淘宝直播就举办了 5 个不同的官方活动，具体为 16 号的"真惠选"活动、20 号的"开学季"活动、23 号的"全球美妆日"活动、26 号的"超级直播日"活动、28 号的"母婴日"活动。

付费流量是指主播通过付费服务的形式获得的流量。就效果推广层面来讲，阿里巴巴主要有两大产品线，淘宝直通车（搜索推广）及钻石展位（定向推广）。2016 年 5 月，钻石展位升级，取名为"智钻"。目前，"智钻"又推出了一个直播推广功能，也就是淘宝直播的付费推广，主要在淘宝手淘资源位、淘宝直播精选资源位和淘宝微淘资源位中展示。在直播内容不够优质的情况下，建议新手主播不要随意开通"智钻"，既浪费预算，也无法得到预期的推广效果。"智钻"中可以查询当日数据和历史数据，如展现量、点击量、点击单价、点击率等，主播可以将这些数据记录下来，定期进行分析，从而找出直播间存在的问题并加以改进。

站外流量就是微信、抖音、微博等站外平台能为主播引流的流量（如图5.5所示）。以李佳琦为例，虽然李佳琦走红于淘宝直播平台，但是随着其他社交软件的兴起，他相继开通了抖音、小红书等平台的账号。李佳琪凭借一句"Oh My God"风靡整个抖音平台后，两个月吸引了1300万粉丝，其在淘宝直播平台的粉丝也涨了一百多万，这些数据的增长很大程度上应该归功于抖音平台的流量引导。在内容制作方面，李佳琦的抖音视频并不是特意录制的，而是通过截取直播回放视频，重新剪辑而成。主播也可以将自己的直播链接分享到站外平台上，或者以图文、视频的形式将站外的粉丝吸引到淘宝直播平台，将站外的粉丝转化为站内粉丝，成功实现引流。

图 5.5　站外流量主要来源

综合所有平台的数据来看，淘宝平台是变现能力最强的渠道。对于主播来说，淘宝直播平台的粉丝越多，变现效率就越高。因此，新手主播不仅需要钻研直播内容设计技巧，也需要掌握流量运营的技巧。了解淘宝直播平台的流量构成，对主播更好地进行流量运营有很大的帮助。

5.2 直播间的浮现权是什么？

在谈及淘宝直播平台的流量运营时，直播间的浮现权是不容忽略的一个方面。相信大部分新手主播对于直播间的浮现权是什么、怎么开通、有什么作用都还感到疑惑。其实对于主播来说，运用好直播间的浮现权，能从平台获取更多的流量，可以在吸引粉丝、巩固粉丝群体黏度方面快人一步。可以说，直播间的浮现权就是新手主播的必修课之一。

淘宝直播浮现权是什么？

想要成为一名主播，首先要做的就是开通淘宝直播权限，但是想要成为一名优秀的头部主播，还必须要开通直播浮现权。拥有直播权限，是成为主播的开端，即有资格在淘宝直播平台上进行直播，但若是想要在淘宝频道内推广直播间，就必须开通浮现权限。

什么是淘宝直播的浮现权呢？这一概念可以简单地理解为直播间的排名越靠前，就能拥有越多的展示机会，系统也会在淘宝平台给这些直播间推荐更多的流量。而且，只要直播间不断有流量进入，主播又能吸引粉丝与自己互动，使粉丝的停留时间变长、直播间氛围变好，该直播间浮现权就会得到提高。官方设置浮现权的目的非常明确，那就是鼓励主播重视对粉丝的运营。因此，对于粉丝运营做得比较好的直播间，平台就会奖励其更高的直播浮现权。

淘宝直播的浮现权决定着直播间在淘宝直播平台的曝光度。在淘宝直播中有许多具体的分类栏目，如美食、美妆、穿搭、珠宝、旅行等，活动期间还会新增"老板娘驾到""女王节"等活动标签。在每个不同的时间段，都有许多主播在不同类目下进行直播。没有直播浮现权的直播间在公共频道是没有曝光权的，而淘宝直播系统会自动对开通了这一功能的直播间进行智能排名，根据直播间的粉丝量和活跃度等数据，决定该直播间排在该类目的第几位。同时，对于人气比较高的直播间，还会有推荐置顶的功能。

要查看自己的浮现权限是否开通，只需要登录淘宝直播账号，在中控台点击"我

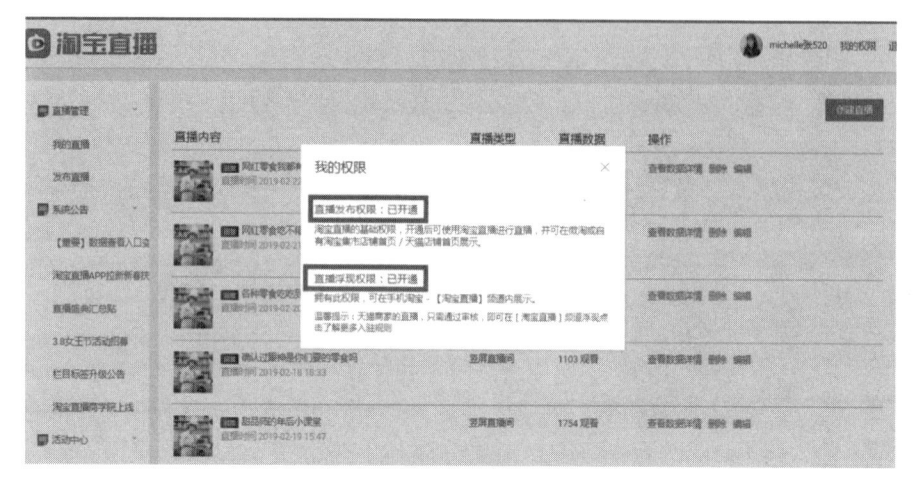

图 5.6 直播间浮现权页面

的权限"即可(如图 5.6 所示)。对于还未开通浮现权的主播,保持场均观看 UV(即观看人数)大于 50 人,人均观看停留时长大于 0.5 分钟,拥有直播发布权限 15 天以上,在考核周期内近 15 天发布时长超过 30 分钟的直播 5 次以上,只要满足以上四点,就能申请开通直播间浮现权。

直播间流量的获取公式可以概括为:流量 = 展现量 × 点击率。展现量就是淘宝直播平台将直播间推送至用户首页的次数,只有开通浮现权,才能获得更多的展现量。在拥有展现量的基础上,提高内容质量,也就是提高点击率,才能获取更多的流量。

许多主播都知道,淘宝平台的规则是经常改变的,淘宝直播也不例外。目前的规定是,只要直播间不违规,直播账号不违规,且满足了各项相关条件,直播权限与浮现权限就是默认开通的。同时,淘宝直播跟淘宝店铺一样引入了计分系统,出现违规行为时就会扣分。所以淘宝直播浮现权开通后也不是永久的功能,出现违规行为时账号是可能会被关闭的。因此,新手主播一定要熟悉并遵守淘宝规则,不要发生违规行为。

浮现权开通后流量依旧匮乏的原因

浮现权开通后流量就一定会增加吗?相信这是许多暂未开通浮现权的主播的疑问,答案是肯定的。拥有浮现权是运营直播间的门槛。对于刚刚加入淘宝直播的主播来说，直播间的流量分为两种，一种是自然流量，另一种是活动流量。自然流量的获取是通过浮现权开通后在频道内的展示赢得的。主播需要做好直播运营，提高直播间观众的转粉率，才能有机会使直播间在淘宝直播频道首页被展示，从而获取更多自然流量。其次，不管是店铺直播号还是达人直播号，都会有相应的直播活动，参加活动后可以在"精选首屏"位置中展现，由此可以获取的流量是非常庞大的。不过，参加这些活动的前提就是要有直播间浮现权。

在浮现权刚刚开通时，很多主播完成一场直播后，会感觉流量并没有明显增多，甚至还不如开通浮现权之前的状况。这是什么原因导致的呢？排除主播单次直播的内容策划不同等影响流量的微小因素，主要原因有两点，第一是对手不一样了，第二是玩法也不一样了。

从第一点来说，浮现权开通之后，主播的对手就变成了同量级的、拥有浮现权的直播间。这里关系到了层级赛马的机制。显然，淘宝直播平台的赛马机制得名于中国古代著名的"田忌赛马"的故事。在淘宝直播的 PK 机制中，销售相同商品的直播间或是量级相似的直播间将会进行数据比对，俗称 PK。比如一个拥有 10 万粉丝的店铺直播间和拥有 10 万新粉的达人直播间进行数据 PK，如果店铺直播间完败，那么在接下来的一段时间内，店铺直播间就会因为输掉这场 PK 而面临公域流量减少的情况。相应的，对于赢了这场 PK 的达人直播间，淘宝平台会安排它与实力更强的直播间继续进行 PK，并再次根据 PK 的结果分配流量，将更多的流量分配给获得胜利的直播间。因此，直播间的粉丝越多，就会使主播面对更高维度的"赛马"和更强劲的对手，对主播自身实力的要求也会更高。

拥有浮现权的玩法跟没有浮现权的玩法完全不一样。在这一点上，还有两个"赛马"指标可供参考，一是粉丝回访率，二是粉丝活跃度。拥有浮现权的直播间还需要做好两点：增加粉丝回访率，争取在频道浮现的机会；多参加官方活动以获取更多流量。

那么，就淘宝的规则而言，提高淘宝直播间浮现权的指标有哪些呢？

第一个指标是账号的基础粉丝量。在直播领域中，也有一些店铺主播或网红主播是"含着金钥匙出生的"，他们拥有一定数量的粉丝基础，是前期淘宝直播的重点扶持对象。粉丝的基础量虽然不是衡量直播间流量的直接权重，但是却影响着直播间在赛马机制中的起点。淘宝直播出于活跃平台氛围、优化用户体验的考虑，必然会将客户导入那些一开播就自带流量、直播氛围好的直播间。那些开播三四个小时都没有粉丝进行互动的直播间与之相比，自然是高下立判。如果商家预算充足，开通直播账号的长期投入产出比其实比任何推广方式都要高。

第二个指标为直播观看量。对于大部分主播、特别是刚刚开设账号的达人来说，刚开始进行直播时的观看量可能不多。从淘宝直播的权重来说，这个权重在开播前期并不是最重要的，但这并不意味着主播可以完全不考虑这个因素，过低的直播观看量将会阻碍主播获得浮现权。

第三个指标为直播间的点赞数。点赞代表着粉丝的热情以及直播间的活跃程度。在直播前期，这个指标是比较重要的。因此，很多达人都会以点赞作为活动的噱头，比如当直播间点赞满一定数量后就进行抽奖，送粉丝礼品等。为了获取主播赠送的福利，大部分粉丝都会给直播间点赞，这就提高了直播间的活跃度，对于主播开通浮现权有很大的帮助。

第四个指标是直播互动热度，这是一个重点指标。对于新手主播来说，双方的粉丝基础与直播观看量都差不多，那么对比不同的直播间，最直观的差别是什么呢？在这种情况下，直播互动热度就是直播间胜出的关键。对于粉丝来说，是选择留在一个气氛尴尬的直播间，还是去一个粉丝的问题多到主播都回答不过来的直播间呢？做这样的选择并不难，大部分人都会选择后一个直播间。

第五个指标是人均停留时间。和淘宝店铺流量一样，观众在直播间内的人均停留时间的长短代表着直播间的内容是否能够留住消费者。

第六个指标为直播封面图的点击率。点击率已经成为贯穿淘宝直播的一个重要节点，甚至可以说如果这个节点没有做好，其他方面做得再好也是徒劳无功的。目前，增加图片点击率的主流方式是开通淘宝直通车或者投放钻石展位。

第七个指标为商品点击率。一般而言，在直播中主要靠主播的销售技巧和话术来引导粉丝点击商品。

第八个指标为转化率。对于主播来说，光涨粉却没有订单就没有利润可言，成交量对于淘宝、商家和主播都是至关重要的，转化率的重要性也就不言而喻了。

第九个指标为停播时间。建议新手主播每月停播不要超过四天，即保证每月的直播天数不低于 26 天。实际上，在淘宝平台主播每天的直播都会被记录，如果一个周期内的直播天数不够的话，该主播的直播数据就会受到很大的影响。

第十个指标为主播的专业能力。在各类直播平台中，淘宝直播的条件还是比较宽松的，不像其他娱乐直播那样对主播的颜值有严苛的要求。只有部分头部主播才会被要求"才貌双全"，既要有好口才又要有高颜值。对于多数主播而言，颜值并不是特别重要的，淘宝直播更多靠的是主播的口才、控场能力、对观众的引导能力以及介绍产品时的专业程度。

第十一个指标为铁粉（即黏度高的粉丝）的数量，这一指标也能表明粉丝的回访率。粉丝的回访率不仅代表了粉丝对产品的认可，同时也反映了主播的亲和力，粉丝维护得好的主播还可以靠铁粉进行口碑传播，把直播间分享出去。

第十二个指标为淘宝群营销。然而，很多商家和达人都忽略了这一点。通过对十家天猫店铺直播过程的观察，我们发现，新店在开始直播时，运营了淘宝群的直播间的直播效果明显好于其他未运营淘宝群的直播间。通过直播活动将公域流量引入直播间的效果可谓是立竿见影，特别是在直播间的起步阶段，这可能是整个直播间里 80% 的观看量的来源。

第十三个指标为直播预告。优质的直播预告可以帮助主播获得淘宝直播频道的推送，在直播前就获得一定流量。特别是新手主播，在没有浮现权的情况下，一定要记得发布预告。

第十四个指标为开播时长。对于做日常营销的常规直播，建议直播时长不少于 3 个小时。因为按目前淘宝直播频道的规则来看，直播时长低于 3 个小时基本上等于没有直播。基于实时热度的计算，很多时候主播开播一两个小时后才开始有浮现提升，流量才会进入直播间。如果直播时间过短，就会造成浮现提升没多久就下播的情况，长此以往将影响直播间的数据。因此，建议达人主播每天上播时长不少于 4 个小时，最好保持在 6 个小时左右。

对于达人主播和店铺主播来说，直播间浮现权对于直播事业的成败具有举足轻重的作用，不容忽视，但并非开通浮现权之后就可以一劳永逸了。因此，主播不仅要开通直播间浮现权，还要准确掌握提升浮现权的相关指标和途径。中国古话有云："学如逆水行舟，不进则退。"其实淘宝直播行业的竞争也是如此，只有不停地学习，掌握新的规则，才能保证自己不退步，在市场中争得一席之地。

5.3 直播时段及标签如何选择？

淘宝直播平台从开始发展到现在，也是在不断地提升完善的。随着淘宝直播的火爆，大量的淘宝店家开始以直播的方式来销售商品。当然，由于现在做直播的人太多，所以竞争也越来越激烈，导致了一些小商家的直播间很难生存下去。也有一部分直播间已积累了一些粉丝，却因为选择了错误的直播时间或选错了直播标签而效果不佳，这无疑是令人遗憾的。那么，在进行淘宝直播时，主播应该如何选择开播时间段和时间标签呢？

一般来说，每天只做一场直播的效果是最好的，一天进行多场直播可能会导致流量的分散，应尽量避免。对于粉丝数量多、基础好的主播来说，也许多场直播也能获取不逊色于单场直播的流量，但那是基于庞大的粉丝数量实现的，新手主播难以达到这一程度。

目前，淘宝直播可供选择的直播时间段一般有以下几个：轮流直播时间段，适用于商家主播；晚上场时段，直播流量达到高峰；凌晨场时段，适用于新人主播；上午场时段与下午场时段，这两个时段内有空闲的粉丝群体比较固定（如图5.7所示）。轮流直播时间段就是指在一天内跨多个时段进行直播，之所以比较适合商家直播间，是由于商家可以雇佣多个主播，从每天上午开播一直轮流直播到晚上。这种方式对于流量的获取和直播间的成长都是十分有益的，但同时对主播的要求也相应地提了，需要多名主播轮流交替才能支撑整场直播。

晚上场时段是流量最大的一个时间段，也是属于大主播的时间段。这段时间内新人的直播转化率很低，因为晚上大部分观众只是为了娱乐而观看直播，并不打算购买商品。不过，这并不意味着转化率绝对无法提升，只要主播具备足够强的控场

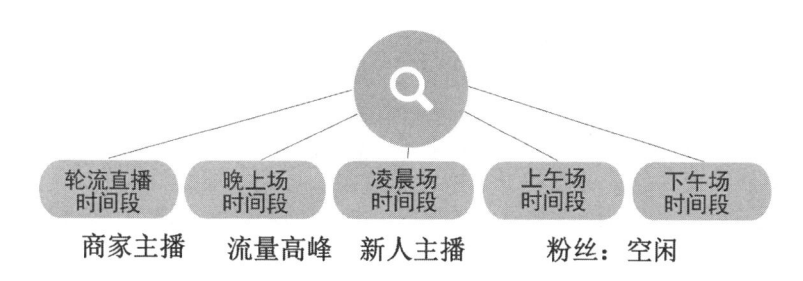

```
轮流直播      晚上场      凌晨场      上午场      下午场
时间段       时间段      时间段      时间段      时间段
 商家主播     流量高峰    新人主播        粉丝：空闲
```

图 5.7　直播时间段示意图

能力和吸引粉丝的能力，就能做到比同类目的直播有更高的转化率。但是，像薇娅、李佳琦等头部主播一般都选择在晚上直播，这些经验丰富的主播是新手主播很难超越的，所以一般不建议新手主播选择这个时间段上播。

凌晨场时段适用于产品单一、内容单一、想在节约精力的前提下快速看到直播效果的主播。在这一时段内，新手主播可以培养出很多铁粉，因为此时的观众大部分是习惯熬夜的人，其作息时间有一定的规律，加上凌晨时段开播的主播较少，流量会相对可观，观众停留时间也相对稳定。如果选择这个时段开播，建议坚持 3 个月到半年为佳。

选择上午场时段或下午场时段进行直播的主播也很多。很多新手主播开播时的首选都是这个时间段，毕竟在凌晨直播对主播的身体消耗太大了，而且还要考虑场地的使用问题，所以新手主播会更愿意选择上午场时段和下午场时段。这两个时间段从本质上来说并没有太大差别，流量都比较少，因为大多数买家在这个时段都需要上班或上学，看直播的人群中宝妈会比较多。但是这两个时段的观众在直播间的停留时间相对较长，这有利于主播培养出更多的忠实粉丝。选择这个时间段做直播的主播要学会带动气氛，增强与粉丝之间的互动。在具体时间点的选择上，上午场的新手主播一般会选择 6~8 点开播，而腰部主播、大主播会选择 10 点左右开播；下午场时段开播时间点的选择一般是 3~4 点左右，即观众午睡后的这段时间，一般来说，这个时间段的美食主播比较多。

新手主播想要确定开播时间段，可以先通过观察直播平台各直播间的情况，熟悉每个时段的流量变化。从傍晚 6 点到凌晨 1 点的时间段内，头部主播、腰部主播和已经成熟的商家主播都在直播，对于没有完善的直播规划和优势产品的新手主播而言，如果选择晚上时段进行直播，相当于浪费了平台给予新手主播的扶持流量，这就是很多主播开播一段时间后依旧没流量、无法沉淀粉丝的重要原因之一。零经验的新手主播应该选择上午场和下午场，这两个时间段最容易产生粉丝转化。切记初期直播的核心目的在于转粉，而不在于获取流量，不要毫无规划，一味地埋头苦干。学会错开高峰期，才能稳步沉淀自己的粉丝基数，激活自己的内容优势。

新手主播一定要根据自己的店铺运营类目做好规划，建议最低以三个月作为调整基数，哪怕已经有了一定量的粉丝基础，也不要频繁地更改直播时间。如果突然改变了时间，已经沉淀的粉丝就很容易因错过直播而脱粉，长此以往直播间流量就会越来越少。

为了提升频道的内容质量和分发效率，淘宝直播已经在 2019 年 1 月全面升级，新的直播栏目标签相比之前增加了很多分类，更为详细、全面。目前，淘宝直播一共有 10 个垂直频道，每个垂直频道都有对应的子栏目标签，比如"穿搭"是以分享

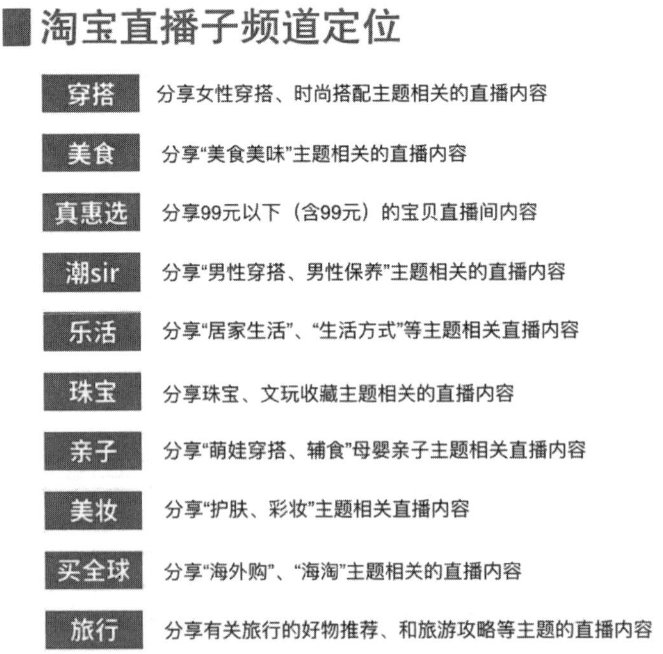

淘宝直播子频道定位

频道	内容
穿搭	分享女性穿搭、时尚搭配主题相关的直播内容
美食	分享"美食美味"主题相关的直播内容
真惠选	分享99元以下（含99元）的宝贝直播间内容
潮sir	分享"男性穿搭、男性保养"主题相关的直播内容
乐活	分享"居家生活"、"生活方式"等主题相关直播内容
珠宝	分享珠宝、文玩收藏主题相关的直播内容
亲子	分享"萌娃穿搭、辅食"母婴亲子主题相关直播内容
美妆	分享"护肤、彩妆"主题相关直播内容
买全球	分享"海外购"、"海淘"主题相关的直播内容
旅行	分享有关旅行的好物推荐、和旅游攻略等主题的直播内容

图 5.8　10 个垂直频道及其频道定义

女性时尚穿搭为主题的相关直播内容;"美食"是以分享美食为主题的相关直播内容;"真会选"是一个活动标签,主要分享99元以下商品的直播内容。

在添加标签时需确保直播的内容主题及直播间主营的宝贝类目符合栏目标签定位。另外,服饰频道比较特殊,每个季节都会更新一批与季节相关的子标签(如图5.9所示),如夏季会更新凉鞋、连衣裙等标签。穿搭标签是子标签最多的一类,有18个子标签,每个子标签都有相应的要求,如"每日上新"要求直播间主题为新品服饰分享。目前来说,子标签"每日上新"的使用率是最高的。最后一个"冬日穿搭"

频道	频道子标签分类	子标签选择要求_对应的商品一级类目要求
穿搭	每日上新	直播间主题为"每天的新品服饰分享"
	设计师款	直播间主题为"分享有设计感的穿搭"
	今日大牌	直播间所销售的宝贝为"品牌服饰"
	港风潮牌	直播间所销售的宝贝为"男女潮牌服饰"
	呢子大衣	直播间所销售的宝贝70%为"呢子大衣"
	针织毛衣	直播间所销售的宝贝70%为"针织衫、毛衣"
	皮衣皮草	直播间所销售的宝贝70%为"皮衣皮草"
	家居睡衣	直播间所销售的宝贝70%为"女士内衣、男士内衣、家居服"
	运动服饰	直播间所销售的宝贝70%为"运动服、体闲服装、运动鞋"
	大码穿搭	直播间主题为"大码穿搭分享"
	小个穿搭	直播间主题为"小个穿搭分享"
	爸妈潮装	直播间所销售的宝贝70%为"中老年服饰"
	搭配小件	直播间所销售的宝贝70%为"配饰"
	羽绒服	直播间所销售的宝贝70%为"男女羽绒服"
	裙装专区	直播间所销售的宝贝70%为"裙装"
	包包天地	直播间所销售的宝贝70%为"箱包皮具"
	帽子围巾	直播间所销售的宝贝70%为"帽子、围巾"
	百搭裤装	直播间所销售的宝贝70%为"裤装"
	男鞋女鞋	直播间所销售的宝贝70%为"男鞋、女鞋"
	冬日穿搭	直播间主题为"分享冬日穿搭"

图5.9 穿搭类子标签及其范畴

标签就是跟季节有关的子标签，主题是分享冬日穿搭。

美食频道共有 14 个子标签（如图 5.10 所示），如"方便速食"直播间的要求是所销售的宝贝 70% 为方便食品；"地方小吃"直播间的主题以分享地方小吃为主；"教你做菜"直播间的主题以分享烹饪方法为主等。

垂直频道	频道子标签分类	子标签选择要求_对应的商品一级类目要求
美食	方便速食	直播间所销售的宝贝 70% 为"方便食品"
	营养滋补	直播间所销售的宝贝 70% 为"滋补品、保健品"
	休闲零食	直播间所销售的宝贝 70% 为"零食、坚果、特产"
	南北干货	直播间所销售的宝贝 70% 为"南北干货、调味品"
	海鲜水产	直播间所销售的宝贝 70% 为"新鲜水产、海鲜"
	手工烘焙	直播间所销售的宝贝 70% 为"烘焙面包、甜品"
	肉禽蛋品	直播间所销售的宝贝 70% 为"肉类、蛋"
	新鲜蔬果	直播间所销售的宝贝 70% 为"新鲜蔬果"
	茗茶酒水	直播间所销售的宝贝 70% 为"茶、酒水、饮料"
	五谷杂粮	直播间所销售的宝贝 70% 为"粮油米面、五谷大米"
	进口食品	直播间所销售的宝贝 70% 为"进口食品"
	美食大赏	直播间主题为"美食大赏"
	地方小吃	直播间主题为分享"地方小吃"
	教你做菜	直播间主题为分享"手把手教你做菜"

图 5.10　美食类子标签及其范畴

美妆频道共有 11 个子标签（如图 5.11 所示），如"口红试色"直播间所销售的宝贝 70% 为口红；"护肤保养"直播间所销售的宝贝 70% 为护肤品；"化妆教程"直播间主题以化妆教程分享为主；"超级仿妆"直播间的主题以超级仿妆分享为主。

乐活频道共有 16 个子标签（如图 5.12 所示），以分享居家生活方式为主，如"家纺床品"子标签直播间所销售的宝贝 70% 为床上用品、居家布艺；"收纳整洁"子标签直播间所销售的宝贝 70% 为收纳工具、家庭或个人清洁工具；"养生保健"子标签直播间的主题为养生保健知识分享或有关养生保健的宝贝推荐等。

垂直频道	频道子标签分类	子标签选择要求_对应的商品一级类目要求
美妆	口红试色	直播间所销售的宝贝 70% 为"口红"
	护肤保养	直播间所销售的宝贝 70% 为"护肤品"
	医美微整	直播间主题为"医美微整形"分享
	个人洗护	直播间所销售的宝贝 70% 为"个人洗护用品"
	爆款面膜	直播间所销售的宝贝 70% 为"面膜"
	化妆教程	直播间主题为"化妆教程"分享
	超级仿妆	直播间主题为"超级仿妆"分享
	美妆工具	直播间所销售的宝贝 70% 为"美妆工具"
	香水香氛	直播间所销售的宝贝 70% 为"香水、香氛"
	彩妆香水	直播间主题为"彩妆种草"教程分享
	美甲彩绘	直播间所销售的宝贝 70% 为"美甲纹身产品"

图 5.11　美妆类子标签及其范畴

频道	频道子标签分类	子标签选择要求_对应的商品一级类目要求
乐活	家纺床品	直播间所销售的宝贝 70% 为"床上用品、居家布艺"
	厨具锅具	直播间所销售的宝贝 70% 为"厨房、烹饪用具"
	杯壶餐具	直播间所销售的宝贝 70% 为"杯具、饮具"
	收纳清洁	直播间所销售的宝贝 70% 为"收纳工具、家庭或个人清洁工具"
	纸巾用品	直播间所销售的宝贝 70% 为"卫生纸用品"为主
	文具礼盒	直播间所销售的宝贝 70% 为"电子词典、电纸书、文化用品"
	香薰用品	直播间所销售的宝贝 70% 为"香薰产品"
	家居软饰	直播间所销售的宝贝 70% 为"家居饰品、软装"
	汽车用品	直播间所销售的宝贝 70% 为"汽车用品、配件改装"
	家具建材	直播间所销售的宝贝 70% 为"全屋定制、装修设计、灯饰光源"
	鲜花绿植	直播间所销售的宝贝 70% 为"鲜花速递、花卉仿真、绿植园艺"
	智能家电	直播间所销售的宝贝 70% 为"生活电器"
	3C 数码	直播间所销售的宝贝 70% 为"3C 数码、相机、精品数码"
	音乐乐器	直播间所销售的宝贝 70% 为"乐器、吉他、钢琴"
	艺术创作	直播间主题为"画画、弹琴、唱歌"等才艺分享
	养生保健	直播间主题为"养生保健知识分享",或保健品推荐

图 5.12　乐活类子标签及其范畴

珠宝频道在当前来说是淘宝直播带动成交金额最高的频道，共有 10 个子标签（如图 5.13 所示）。其中，"金银首饰"类直播间所销售的宝贝 70% 为金银首饰，"翡翠"类直播间主营宝贝 70% 为翡翠。

垂直频道	频道子标签分类	子标签选择要求_对应的商品一级类目要求
珠宝	金银首饰	直播间所销售的宝贝 70% 为"金、银首饰"
	翡翠	直播间所销售的宝贝 70% 为"翡翠"
	和田玉	直播间所销售的宝贝 70% 为"和田玉"
	翡翠原石	直播间所销售的宝贝 70% 为"翡翠原石"
	钻石彩宝	直播间所销售的宝贝 70% 为"钻石、彩宝"
	珍珠	直播间所销售的宝贝 70% 为"珍珠"
	琥珀蜜蜡	直播间所销售的宝贝 70% 为"琥珀、蜜蜡"
	文玩收藏	直播间所销售的宝贝 70% 为"古董、邮币、字画"
	水晶	直播间所销售的宝贝 70% 为"水晶"
	流行饰品	直播间所销售的宝贝 70% 为"流行饰品"

图 5.13　珠宝类子标签及其范畴

潮 Sir 频道以分享男性穿搭、男性保养主题相关的直播内容为主，共有 5 个子标签（如图 5.14 所示）：如"男士穿搭"直播间所销售的宝贝 70% 为男装；"型男保养"直播间所销售的宝贝 70% 为男士护肤、男士护理、男士保养品之类的商品。

垂直频道	频道子标签分类	子标签选择要求_对应的商品一级类目要求
潮 sir	男士穿搭	直播间所销售的宝贝 70% 为"男装"
	型男保养	直播间所销售的宝贝 70% 为"男士护理、男士保养品"
	运动装备	直播间所销售的宝贝 70% 为"男士运动服、男士运动鞋"等运动用品
	男士腕表	直播间所销售的宝贝 70% 为"男士手表"
	流行男鞋	直播间所销售的宝贝 70% 为"男鞋"

图 5.14　潮 Sir 类子标签及其范畴

亲子频道的主题多为萌娃穿搭分享、辅食制作之类的母婴亲子话题，很受宝妈们的喜爱。亲子频道共有6个子标签（如图5.15所示），其中，"奶粉辅食"直播间所销售的宝贝70%为奶粉辅食、宝宝营养品；"奶娃有招"直播间主题以分享育儿经验、育儿知识为主。

垂直频道	频道子标签分类	子标签选择要求_对应的商品一级类目要求
亲子	奶粉辅食	直播间所销售的宝贝70%为"奶粉、辅食、宝宝营养品"
	儿童玩具	直播间所销售的宝贝70%为"儿童玩具、益智积、汽车模型"
	尿裤纸品	直播间所销售的宝贝70%为"尿片、洗护用品"
	童装童鞋	直播间所销售的宝贝70%为"童装、童鞋、亲子装"
	学妈专区	直播间所销售的宝贝70%为"孕妇装、孕产妇用品"
	奶娃有招	直播间主题为"分享育儿经验、育儿知识"

图 5.15 亲子类子标签及其范畴

买全球频道的子标签分类是按照地域进行的，共有6个子标签（如图5.16所示），分别为日本馆、韩国馆、美国馆等，其要求是以"全球购"的形式在商品原产地进行"海淘"。

垂直频道	频道子标签分类	子标签选择要求_对应的商品一级类目要求
买全球	日本馆	全球购（以日本原产地海淘为主）
	韩国馆	全球购（以韩国原产地海淘为主）
	澳新馆	全球购（以澳大利亚、新西兰原产地海淘为主）
	美国馆	全球购（以美国原产地海淘为主）
	欧洲馆	全球购（以欧洲原产地海淘为主）
	东南亚馆	全球购（以东南亚原产地海淘为主）

图 5.16 买全球类子标签及其范畴

真惠选频道（如图5.17所示）是日常直播频道和每月一次的A级直播活动，比较特殊。这里需要注意的是价格问题，如果选择了"9.9元封顶"子标签，那么直播间售卖的所有产品价格必须低于或等于9.9元，其他子标签同理。选择这个频道的直播间是最容易触犯淘宝规则的，主播在添加宝贝链接的时候一定要小心。一般情况下，这个频道都会选"99封顶"子标签，其他标签的价格太低了，很难保证一场直播中所有商品的价格都是低于子标签价格的。

垂直频道	频道子标签分类	子标签选择要求_对应的商品一级类目要求
真惠选	9.9元封顶	直播间售卖的所有商品，价格必须低于9.9元
	19.9元封顶	直播间售卖的所有商品，价格必须低于19.9元
	39元封顶	直播间售卖的所有商品，价格必须低于39元
	59元封顶	直播间售卖的所有商品，价格必须低于59元
	99元封顶	直播间售卖的所有商品，价格必须低于99元

图 5.17　真惠选类子标签及其范畴

最后一个频道为旅行频道。目前该频道只有一个子标签，即"看世界"（如图 5.18 所示），要求直播间主题为旅行好物推荐或旅游攻略分享。

垂直频道	频道子标签分类	子标签选择要求_对应的商品一级类目要求
旅行	看世界	直播间主题为"旅行好物推荐、旅行攻略分享"

图 5.18　旅行类子标签及其范畴

主播在选择标签时，一定要注意不同子标签的具体要求。从 2019 年 3 月 5 号开始，如果有违规选择频道栏目标签的行为，会被淘宝直播平台认定为欺骗消费者并进行严肃处理。第一次触犯规则时主播会接到警告，冻结账号直播权 24 小时，并扣除 3 分。对于屡罚屡犯、情节严重者，则冻结账号直播权 30 天，并扣除 10 分。

通过近 30 天的数据观察（如图 5.19 所示），可以发现主播人数暴涨的标签分布占比最大的是穿搭频道的"每日上新"，另外就是活动标签，如真惠选频道的"99 元封顶"、女王节下属的"主播女王节"标签、直播盛典下属的"潮搭盛典"子标签等。在活动期间，活动标签会有流量的扶持，因此主播人数的涨幅也比较大。

从直播的类目、流量及场次来看，服饰穿搭和珠宝是占比最大的两个频道（如图 5.20 所示）。在类目总流量池的分配上，穿搭类目的流量远远高于其他类目，可谓是一骑绝尘。主播和商家可以用表格统计头部主播的直播标签和时段，并根据统计结果来选择如何最大限度地躲开竞争对手。

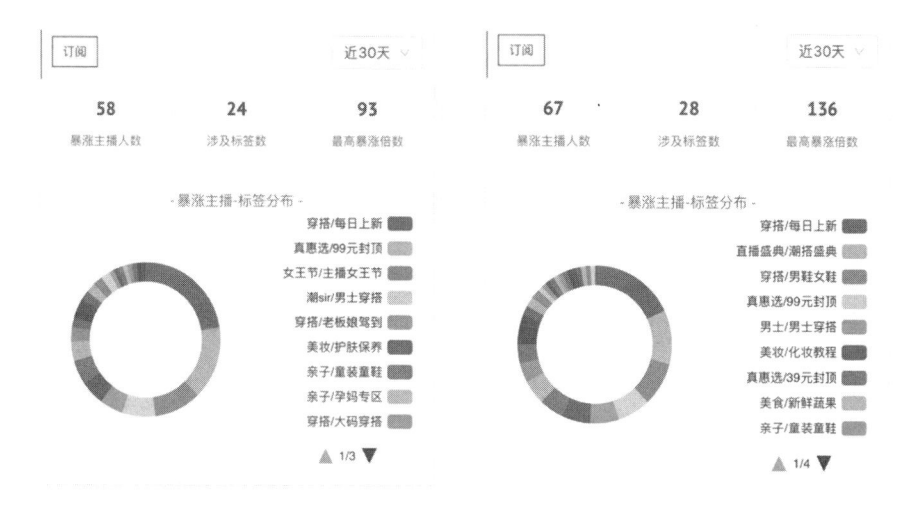

图 5.19　淘宝主播暴涨类目分布图

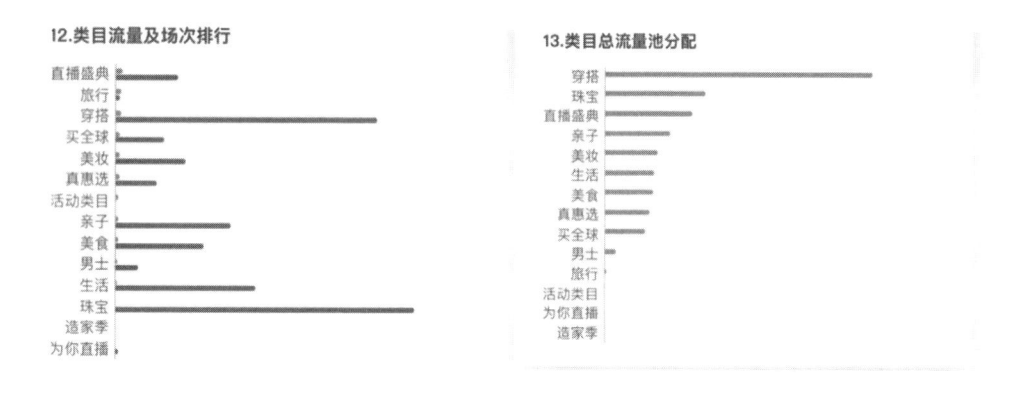

图 5.20　淘宝直播类目流量分配图

对于新手主播来说，在选择直播时段和直播标签时要尽量避免与头部主播重合。这一问题的解决方法有两种，要么避开头部主播所使用的标签，要么避开头部主播的直播时段。目前主流的玩法还是避开头部主播的开播时间，换标签是实在没有办法的时候才会采用的做法，会对直播间流量造成损失。所以一般情况下，主播都不愿意更换标签，如果使用了季节性标签，建议主播在换季之前尽快安排好直播节奏，提前测试其他标签的流量，避免因为换季而不得已选择了不适合自己的标签。要想把直播间的各项数据和销售转化做好，主播还必须要把内容设计好，细节决定成败，只有用心地直播，才能取得成功。

5.4 直播间流量不足的解决方案

流量就是淘宝直播的命脉，所有的主播和商家的共同愿望都是直播间的流量能节节攀升，转化率也能"芝麻开花节节高"。然而，新手主播几乎都会面临着流量不足的烦恼或是流量下滑的情况。造成流量不足或下滑的原因有许多种，不能一概而论，主播需要针对不同的原因，采取不同的优化方案。关于流量问题，可以从直播间、主播、运营思路、平台四个方面来具体优化。

直播间流量细节问题

直播间的细节问题包括中控台创建直播间时出现的问题以及直播间布景的问题。中控台是建立直播间的中枢，也是发布预告的关键。封面图、标题、预告都会影响公域流量。所以，直播间流量不足，很有可能是一开始发布预告的环节就出现了问题。很多商家和主播容易忽视直播预告的作用，不认真思考什么样的预告视频和封面图更吸引人。要知道，在淘宝直播中，有一些用户可能原本并不想买东西，但是看到足够吸引人的直播间，也会有点击观看的欲望。从这个角度来说，用户有欲望就有流量，也就有利润。

主播雪梨的直播预告就将细节问题处理得很好（如图 5.21 所示）。在预告封面图中，主播身着宽松休闲的深咖套装，搭配同色系的渔夫帽，拉着同样穿着休闲服饰的宝宝，潮流感十足。在预告的文字部分，主播突出了两个关键因素，一是进入直播间可以"跟着主播手把手学穿搭"，这是告诉粉丝观看直播可以获得什么，二是开播后会有福利秒杀活动，戳中粉丝的消费痛点。这就是一个成熟的头部主播所发布的预告，所有的设计都是针对主播人设与粉丝群像分析来策划的，能够最大限度地吸引流量进入直播间。

当用户被吸引进入直播间后，首先映入眼帘的就是直播间的布景。因此，布景

图 5.21 主播"雪梨 Cherie"的直播预告

具有美感的直播间能够让粉丝觉得赏心悦目，更愿意停留。其次还有直播间的灯光问题，对于直播间来说，灯光是非常重要的。用户在长时间盯着屏幕的过程中，眼睛的舒适度很重要，几乎决定了其观看时长。将这些细节都考虑到位，就能在点滴细节中打败竞争对手，赢得流量。

主播对流量的决定作用

主播是淘宝直播的核心，如果出现流量不足的情况，主播自身肯定也有一定的责任。出现这一问题可能有以下两个方面的原因：首先可能是主播专业性不够，其次可能是主播缺乏清晰的人设定位。主播的专业性不仅体现在直播话术上，还体现在镜头感、服饰搭配和妆容等方面。所以，新手主播在正式开播前一定要先花一段时间培养镜头感，打磨专业性话术，提炼自身人设，掌握销售技巧。对于还不是"带货女王"的新手主播来说，不是轻飘飘的一句"宝宝们快去下单吧"，粉丝就会乖乖买单的。所以当讲到粉丝明显感兴趣的商品时，一定要认真地介绍商品，找准自己的角色定位。

服装类主播需要对服装面料、穿搭、时尚潮流等都很了解。在讲解一件衣服的时候，最好能从服装的面料、材质、搭配细节、流行因素、上身效果等多方面拆分讲解。

美妆类主播除了要会化妆以外，还要熟悉化妆品品牌、化妆品成分、适用人群或适用季节等。全面地了解产品，解剖出产品的特点和优点，才能有条理、有逻辑地讲解产品，让粉丝信服。

淘宝直播平台每天有上万场直播，每周有上千个新人开通直播间。要在相同的直播间中做出差异化，最关键的就是要有清晰的主播人设定位。找准自己的优势，创造属于自己的人设，才能为观众所记住，更好地将公域流量转化为私域流量。

优化运营思路

除了直播间与主播本人的因素外，出现流量不足的情况时还需要从运营思路上找原因。如果一个直播间只是一味地用秒杀、抽奖、特价这些福利活动来获取流量，说明其运营思路是有问题的。这些活动吸引来的流量大部分都是低客单价、忠诚度很低的粉丝，不利于直播间的长期发展。当然，这并不意味着不能办活动，而是要有节奏地办活动，有门槛地送福利。吸引黏性大的粉丝主要靠的还是好内容，一份优秀的主题直播策划可以缓解观众观看时的疲劳，既可以吸引一批新粉，又可以留住老粉。在直播的时候也要灵活地运用直播间功能，比如发送优惠券信息和关注卡片的频率要适当，而不是频繁地影响观众的观看体验；粉丝推送可以帮助主播提醒老粉来观看直播；货品排序需要有逻辑，新品款、经典款、爆品和清库存的产品要有合理的比例。

平台大流量的机会点

其实，从客观因素来说，直播平台也会影响到直播间的流量。流量下滑也有可能是直播平台举办了大型活动（如"618大促""双11""双12""直播盛典"等）导致的。在这种情况下，不只是新手主播，头部、腰部主播的直播间流量都会受到很大的影响。此时，只需等活动结束，流量自然会回升。此外，还有一种情况是市场环境对直播间流量产生了影响，比如所播类目产品已经进入淡季，就会影响到直播间的流量。

很多时候淘宝平台会给予商家一些流量支持，可是当商家的直播间转化率很低时，平台就会选择把扶持的机会让给其他新人，甚至是取消对原有商家的关注，这样也会导致直播间流量下降。另外，流量的下降也可能是因为这类产品已经过了火爆期而进入了衰退期，甚至是已经过时了。此时最好的解决办法就是持续上新，用新的产品来带动直播间的流量。

2019年3月份，新上线的淘宝主播成长体系已经运用到了淘宝直播平台的各个方面，根据主播等级，平台会对不同梯度的主播实行保底扶持政策，保证主播在直播广场等公域有一定的曝光率。因此，当商家和主播发现淘宝直播流量有比较明显的下降趋势时，一定要及时寻找流量下降的原因，找到合适的方法来解决，以防出现直播间流量越来越少、甚至最后几乎完全失去流量的情况，到那时再想亡羊补牢，就为时已晚了。

事实上，所谓的流量"暴涨"是不靠谱的，"暴涨"后往往伴随着"暴跌"。其实，我们所看到的那些主播们的一夜成名都是通过前期的积累一步一个脚印赢得的。耐心是所有成功者共同的特质，只有沉得住气才能理性分析自身和直播间的问题所在！

5.5 直播间的输赢关键是什么？

淘宝直播目前已经成为销售店铺商品、拉动客户积极性的一种新途径。很多淘宝卖家在大促或者节日的时候都会选择以直播形式进行商品推广，以达到销售的目的。在这个过程中，很多商家和主播都发现，看似简单的直播在具体实施时却处处碰壁，远没有想象中那么容易。淘宝直播的生态圈内"一半是海水，一半是火焰"。有人从底部主播熬成头部主播，成为拥有几十万忠实粉丝的红人，也有人入不敷出，最后黯然退出主播行业。要想赢得这场竞赛，输赢的关键究竟是什么呢？

有人说，淘宝直播的博弈就像打牌，二者都包含非对等博弈的性质，具有挑战性。在牌局中，牌面好坏并不是决定输赢的唯一因素，策略和心态也是很重要的。从牌局的启发来看，直播间的输赢关键主要在于五个方面，分别是：专业知识、招商、策略、炸弹、荷官。拥有专业知识是打好一副牌的前提；"招商"是指帮助主播招募到适合直播间的商品;"策略"是根据主播的自身特色制订运营方法;"炸弹"则是指能让直播间出其不意制胜的关键;"荷官"就是在淘宝直播中要有把控大局、引领方向的能力。

在前文中,我们曾经不止一次地提到主播自身的专业性对于直播事业的作用。拥有专业知识,可以让主播赢在起跑线上,更有效地整合自身资源来为直播事业添砖加瓦。主播是一场直播的门面,直播间是否能留住人、吸引人,与主播的专业性有很大的关系。在互联网直播时代刚刚来临的时候,仿佛主播们仅凭颜值便能收获一大批粉丝,实现快速变现。但现在的直播市场正逐渐地从严管理,规范直播内容,这就要求直播间一定要具有优质内容属性。因此,主播的专业知识不止包括对直播领域的了解,还要了解淘宝平台的相应规则,才能从平台中获得更大收益。

虽然现在的产品同质化越来越严重,但是不同的主播适合的产品依旧是不同的,需要运营团队八仙过海,各显神通。从招商的环节开始,主播及其团队就应该考虑什么产品比较适合主播。淘宝上的产品有千千万万种,要根据主播的人设定位去选择适合主播的商品,同时还要根据粉丝群体的消费审美和消费水平来选择商品。对于直播间内热度不高的商品,可以直接下架,换成其他商品。此外,主播需要提前准备好整体话术,并根据整体话术,用自己的方式去演绎,提炼出产品的卖点和亮点。

主播在直播的时候可以做好数据统计:比如在讲解各个商品的时候对应的数据是什么样的?同时在线的商品点击率、下单量又有什么区别?这些都决定着主播当下讲的内容是否有效。如果数据没有明显提升,那就说明直播内容是有问题的,有可能是产品亮点的挖掘程度不够,或是调动观众情绪的内容不够。这些数据可以在复盘的时候帮助主播改变运营的策略与方式,逐渐提高直播间内容的有效性。另外,要了解粉丝的喜好,要站在粉丝的角度去选产品,而不是单纯依靠自己的主观判断。在直播过程中,主播可以留意一下粉丝的评论,平时也可以在淘宝群与粉丝互动,打听粉丝喜欢的商品,在后面的直播中加以介绍。

策略是打好牌的必备要素,就好像在牌局中,当你拿到一手好牌,在决定如何去打时需要有一个整体的思路。在打牌的过程中,还需要根据形势及时调整出牌计划,应对突发状况,这是输赢的关键,也最考验打牌者的能力和心态。将打牌的思路运用到淘宝直播中，无论是场控、运营还是主播，整个团队的分工需要清晰而明确，这样才能更好地决定在每一个关键节点用什么策略出牌赚取流量。同样的，这些策略还是要基于对直播间各种数据的统计和长期观察来制订，每一个指标的变化都可以指引团队做出下一步的动作。

"炸弹"是指能让直播间出其不意地制胜的关键，即在直播中的关键时刻使出的撒手锏。比如在招商阶段与商家谈好的优惠券、限时秒杀的商品或抽奖产品等，这些福利就是直播运营中的炸弹。除了不断释放这些极具吸引力的优惠权益之外，团队还要在评论区进行下单引导，由运营与主播联动把控节奏，将权益通过自己的方式传输给观众，进一步促成消费。有一个简单有效的评论区引导模式：在平时的直播中，主播喜欢让大家"扣1"，即在评论区发布内容"1"。如果把这一文字换成产品优惠信息，其效果和冲击力都会大大提升。比如让粉丝在评论区刷"59号商品下单即送10元优惠券"等信息，此时新的流量源源不断地进入直播间，就相当于实时观看了权益广告。如此一来，每一位观众都成了潜在的信息传播者，同时也让新用户及时了解了产品的优惠信息，促成消费。如果使出这些撒手锏之后，转化率依旧没有提高，可以判断本次直播推荐的商品并不适合在线观众，在此后的直播中要加以改进。在线人数和粉丝群体不同，相应的营销方式也不同，主播一定要有针对性地调整策略和把控大局。

在现实操作中，有的主播很容易"带动"一场直播，卖货效果很好，这说明主播把运营的策略浑然一体地融入直播内容中了。同时，也有些主播达不到预计的效果，这时就需要运营的慢慢介入，到后期再减少运营的工作量。运营的角色就是整场牌局的荷官，在淘宝直播中负责把控大局、指导方向。淘宝主播的带货效果一半靠主播个人能力，一半靠运营。越专业的团队，主播往往不是唯一的支柱，而是和运营相辅相成，共同完成直播工作。

有些主播的运营团队非常了解淘宝店铺的玩法，比如专享价、活动抽奖等规则，从而把店铺的玩法复制到直播间中，也取得了很不错的效果。比如有一些直播间运用了"短平快"玩法，每隔十分钟发起一次抽奖或者答题活动，注重实事性和互动性，且根据观众的变化而变化，这样的直播间一般成长速度都比较快。另外，在商务能力方面，优质的运营团队拥有良好的洽谈和运作能力，在招商、内容策划、运营等方面都能做好规划。这可以对直播间的成长起到非常大的帮助作用。

淘宝直播的运营就像打牌，从最开始的准备阶段到中间的实战阶段，再到最后的复盘，整个策略都要在团队的掌控之中，这才是一个完整的直播流程。一个聪明的牌手会在赢牌后总结经验，输牌后吸取教训，一场淘宝直播结束后最重要的环节就是对整场直播进行复盘，做好数据分析。只有了解每个商品当前的销售状况，才能决定下一场直播的销售策略。同时，数据复盘也可以让运营人员更好地规划如何打好直播卖货这场组合拳。

简单来说，淘宝直播间的输赢关键在于流量运营。而流量运营则可以细化为以下几点：首先，淘宝直播主题要明确，主播可以巧妙利用直播封面吸引人气，通过与粉丝互动不断优化淘宝直播的内容；其次，要慎重选择直播时间及标签，形成直播间的稳定调性；再者，还需要深度理解平台的规则与内容，合理利用平台提供的流量；最后，主播需要搭建一个具备专业知识的运营团队，淘宝直播说到底还是一个团体竞赛，单打独斗并不一定能笑到最后。

淘宝直播是一个长期事业，奢望一步登天、一夜暴富的心理是不可取的，以损害自身根基为代价来做一锤子买卖也是很不划算的。靠直播培养忠实粉丝，搭建以产品为核心的社群，以社群为中心方向升级产品，不断吸引新粉丝、扩大影响力才是长久之道。

第六章
牢牢抓住粉丝的心——直播间粉丝运营方法

在谈论了直播间内容设计方法和流量运营方法之后,新手主播还需要学习的最重要的专业知识就是直播间的粉丝运营方法。之所以在流量运营方法之后才谈及粉丝运营方法,是由于粉丝就是流量经过转化后的下一个形态。因此,在学会流量运营之后,主播需要将直播间的流量转化为粉丝,进而将其转化为忠实粉丝,并使他们成为直播间消费的主力。只有当粉丝和主播之间建立起互相信赖的情感后,直播间的运营才算进入了平稳发展的轨道。

6.1 从流量到粉丝的转化

在流量运营章节中,我们将流量分为站内流量、站外流量、活动流量与付费流量。通过以上四个途径汇入直播间的流量在直播内容的吸引、主播人格魅力的感染下有可能关注直播间,进而转化为该主播的粉丝。因此,粉丝来源于流量,具体来说,是来源于手机淘宝 App 的淘宝直播频道、淘宝直播 App、淘宝网(即电脑端)的淘宝直播频道、微博、抖音、微淘、旺旺群、店铺粉丝等。其中，手机淘宝 App 的淘宝直播频道是最大的流量入口。

在淘宝直播平台，流量获取的公式为：流量 = 展现量 × 点击率。在此基础上，还需要将流量转化为粉丝，才能为主播所用。那么，粉丝在点击关注主播时，一般都是出于什么动机呢？或者说，主播需要抓住观众的什么心理，才能激发他们关注的动力呢？经过对大量直播案例的梳理，我们发现大致可以将这些动机分为 7 类，分别是：颜值类动机、明星类动机、才艺型动机、采访营销动机、爆款点击动机、场景点击动机、内容点击动机。相应的，这 7 类动机也就产生了 7 种将流量转化为粉丝的方式。

颜值类动机

俗话说，"爱美之心，人皆有之。"在直播经济中，颜值就是生产力。高大帅气的男主播和靓丽的女主播总是能够通过高颜值吸引大量粉丝围观，而这种大量的粉丝围观带来的流量正是品牌方曝光的重要指标。现如今淘宝的头部主播中，大部分都是高颜值的主播。

其实，这一类主播在新手主播中可谓是赢在了起跑线上。良好的外在形象对于吸引粉丝关注有着天然的优势。当然，有优势并不意味着一定能从众多新手主播中脱颖而出。但是对于这些主播来说，只要细心打磨直播内容，树立与形象相符的主播人设，持之以恒地直播，就能够在一段时间内积累一定量的粉丝。

明星类动机

明星接拍广告，品牌找明星为产品代言，这是长久以来品牌方与明星的双赢合作模式。商家需要通过明星自身或其塑造的荧幕形象来传递品牌的价值观，吸引潜在消费者。代言人选得好，对品牌和明星而言是双赢。品牌会由于明星的"身份加持"而获得持续曝光的机会，明星则可以通过品牌代言赢得更多的关注和话题，进而产生粉丝转化，同时也可以从代言活动中获利。品牌与代言人的契合度越高，呈现的内容与印象认知越统一，则其广告越具有说服力。

直播作为一种自媒体的新形式，由于能实时进行互动而具有比其他自媒体更强的交互性。同样的，在直播中，粉丝也会觉得自己与主播的距离更近，关系更为密切。因此，明星与直播的结合绝不是简单的"1+1=2"的效果。多数粉丝对明星都具有崇拜心理，觉得明星是距离自己十分遥远的存在。而在直播中，明星可以看到粉丝的留言，甚至很有可能回答留言中的问题，这种交流给予粉丝的感动是无价的。之所以很多粉丝会抱着感激的心态来消费品牌方的产品，正是出于这个原因。

当明星在直播中与粉丝互动时，直播间往往会出现极其热闹的场面，且销售数据也会随之水涨船高。不过，明星的代言费用高昂，这种方法只适用于预算比较充足的直播间（如店铺主播或拥有专业团队的达人主播等），且需要根据品牌的特点与明星的人设来策划具体的直播内容，才能吸引更多的粉丝，达到合作双方利益最大化。

才艺型动机

直播间是主播展示才艺的平台，无论主播是否有名气，只要才艺过硬，都可以引来大量的观众围观。因此对于有个人才艺的主播来说，只要在直播中合理策划，向粉丝展现自己的才艺，就能够强化自己的人设，吸引更多的关注。常见的主播个人才艺有唱歌、喊麦、脱口秀等。

这一类型的主播主要是通过在直播间展示才艺来吸引粉丝的。在展示才艺时，需要注意以下几点：首先，才艺的选择要能够正面强化主播的人设，或者是从反面营造一种反差萌的效果；其次，在选择才艺时要考虑场地和设备等方面情况，需要比较宽敞的场地或是比较专业的设备的才艺就不太适合在直播中进行展示；再者，才艺展示环节也需要主播提前进行细致规划，在其中添加一些强化记忆的节点，以帮助粉丝更好地记住主播。

采访营销动机

采访营销是指通过主播采访嘉宾、路人或专家等，以互动的形式，通过他人的立场阐述对产品的看法，从而达到产品营销的目的。专家名人的背书，有助于增加观众对产品的好感，促使他们更快下单。而对路人的采访可信度也很高，有利于拉近与粉丝的距离，增加粉丝的信赖感。这一模式在电视购物中经常出现，引申到淘宝直播中，同样能达到很好的直播效果。

在运用这一策略时，切记被采访人的回答一定要符合事实，不能为了销售商品而过分地吹嘘。弄虚作假反而会有损主播的信用，从根本上损害直播间的利益，是绝对不可取的。

爆款点击动机

爆款是指在商品销售中供不应求、销量很高的商品，如符合当季流行趋势的服装款式、在淘宝平台拥有高的销售量的商品、被其他社交平台带火的配饰等。爆款的形成其实是利用了大部分人的从众心理和追赶潮流的意愿，尤其是在淘宝平台中，消费者与商品之间缺乏实质性的接触，因而只能通过商品详情页的展示、主播的介绍或是评论区的评价来对商品做出判断。其中，评论区的其他购买者由于是与商家没有利益瓜葛的人群，其口碑评价更能赢得消费者的信任。在这样的情况下，购买量大的商品由于积累了更多的真实评论，比较容易赢得消费者的信赖，由此进入良性循环，就形成了所谓的爆款。

爆款点击动机是指当主播在直播间里推荐爆款时，观众的注意力会比较容易集中，从而衍生出关注主播以获取后续更多爆款的推送的动力。这就要求主播及其团队在进行招商时，应该有目的地选取一些拥有爆款潜质的商品进行合作。归根结底，创造优质的直播内容才是将流量转化为粉丝的关键。

场景点击动机

直播间的场景选择对于将流量转化为粉丝也有着很大的助力。在不同的环境中，主播可以营造出不一样的直播间风格，如在工厂店、大卖场、免税店等场景中进行直播，就能向观众传递一种"直播间内的商品价格实惠"的信息。这种潜在的信息会提高观众对直播间的期待值，通过整体环境营造出有卖点的主题，由此吸引观众关注直播间。

在这种场景下，吸引观众的最重要的因素就是"实惠"，这一点正是抓住了普通人的"捡漏"心理，认为自己能在直播间获得利益，由此形成了关注主播的动力。

在运用这一方法时，主播需要提前分析自己的流量构成和粉丝特征。由于各主播的人设不同,其粉丝的调性和特征也有着很大的区别。如果主播的粉丝大部分是高级白领或其他消费能力较高的人,在场景选择上应该尽量使用有格调、有档次的场地;如果粉丝中大部分是消费能力较低的人,则应该选择工厂店、大卖场等能给人一种价格实惠的印象的场所。

内容点击动机

内容点击动机就是指主播通过有趣的输出内容来激发观众点击关注的动机。每一个主播都有不一样的特长和独特的经历,从这些角度出发来策划直播内容,更能体现出主播的独特性,强化主播个人形象。人与人之间是存在一定的共情能力的,这正是人类彼此之间得以交流的基础。主播与粉丝之间,也要有意识地培养这种共情,对此最好的方法就是通过策划与主播人生经历相关的内容来吸引粉丝,使之产生相同的情绪。经过这种相同情绪的催化,主播与粉丝之间的距离就会被迅速拉近。因此,内容点击动机不仅可以帮助主播将直播间流量转化为粉丝,还能进一步将普通粉丝转化为忠实铁粉。

无论运用哪种方法,主播的最终目的都是为了将直播间的流量更好地转化为自己的粉丝。这意味着将淘宝直播的公域流量转化成了主播的私域流量,直播间的观看量将更为稳定。不过,将流量转化成粉丝只是粉丝运营的第一步,并不是最终形态。在直播中,主播还需要利用更多的运营方式来管理粉丝、维护粉丝关系。只要直播还存在一天,粉丝运营就没有止境。

6.2 直播间人群分层与粉丝分层

淘宝直播遵循的是千人千面的排序规则。千人千面这一概念最早在广告学中出现时,是根据心理学中的"迎合心理"原理制订的。通俗来说,千人千面的规则就是个性化推荐,即根据每位用户的搜索记录为不同的用户推荐不同的内容。假如有一个用户在淘宝平台搜索了"连衣裙",当她打开淘宝直播频道时,平台就会给她推荐正在展示连衣裙的服饰类直播间。

在这种规则的主导下，如果新手主播想要在竞争中打败同类型的直播间，获得平台的推荐，就需要注意几个数据。其中，最重要的就是点击关注率。点击关注率越高，代表着该直播间的封面图与标题越能吸引观众，在相同类型的直播间中，淘宝平台会优先给用户推荐其中点击关注率高的。其次，用户在直播间的停留时长也是一个重要的参考数据。优质的直播内容才能吸引观众在直播间长时间地停留，出于优化用户体验、促成直播平台良性发展的目的，在向用户推荐直播间时，淘宝平台会更倾向于推荐其中用户停留时间较长的。

为了提高直播间的点击率与用户停留时长，必须对直播间的观看人群进行切分，并针对切分后的用户进行运营及维护。这一切分主要有两个维度，一是对直播间的观看人群进行分析，二是对直播间的粉丝进行分析。

直播间的人群分层

根据进入到直播间的人群的不同目的，可以将其分成四大类：团队成员、铁杆粉丝、购物者以及娱乐者。

团队成员是指直播间中的工作人员，一般会有客服、经纪人、助理三个角色。客服一般是为了处理紧急状况而设立的，如处理粉丝的投诉或差评等。当直播间中出现粉丝投诉时，是非常影响主播的信誉和形象的，这时候就需要有专门的工作人员及时进行处理，不让这些负面消息在直播间持续发酵。经纪人的作用是实时在线上或者线下掌控直播间氛围，同时，也可以帮助主播回答一部分粉丝的提问。助理的主要职责是维持直播间的发言秩序，当有黑粉发布不良言论时，助理需要对其账号进行屏蔽。

直播不是一个人的事业，而是一个团队通力协作的成果。即使主播是全能的，也未必有精力独立完成直播的策划、准备、实施等所有环节，这时就必须要借助团队的力量。主播背后的团队成员应当具有协助主播策划直播间内容脚本、设计直播间不同时期的产品结构、对接并处理商家的一切问题、粉丝维护和直播间控场的能力。

铁杆粉丝是发自内心支持主播的一群人，正是他们构成了直播间的保底观看量。而且，在直播间内，铁杆粉丝还会主动帮助主播维持秩序，回答新粉问题，积极和主播互动，积极帮助主播打榜等。对于主播来说，这是粉丝中最有价值的群体，也是在直播中最需要细致维护的。相对于刚刚关注主播的新粉，主播应更多地"翻"铁杆粉丝的"牌子"，与他们交流。一是因为铁粉对主播的贡献更大、与主播的关系更为亲密，二来也是为了激励新粉更积极主动地与主播交流。当主播与铁粉相谈甚欢时，新粉就会感到心理落差，如果他们发现主播的这种态度差距是由于铁粉关注时间长，为主播做过更多的贡献，反而会激励他们为主播打榜或消费。这种心理与在恋爱中追求"男神"或"女神"的心理是一致的，越是得不到的，就越是让人心痒难耐，而且还会有一种"只要坚持变成铁粉就能被主播翻牌子"的信念支撑着他们，这种动力毫无疑问是强大的。

购物者是指进入直播间时以消费为目的、以购物为首要目标的人群。进入直播间后，他们会先看看有什么商品是自己喜欢的，让主播进行试穿展示。如果没有感兴趣的商品，在浏览完购物车后他们就会离开直播间。虽然这群人的忠诚度不高，但却能为直播间贡献大量的成交金额。对于这部分人，主播不必强求将他们转化为忠实粉丝，只要在前期的准备工作中好好地筛选要进行推荐的产品，对直播内容脚本进行细致的编辑，就能留住这些顾客，引导他们在直播间消费。

直播间的另一个观看群体以娱乐为目的，我们称之为娱乐者，其中又可以细分为两种类型：抽奖投机者与"吃瓜群众"。抽奖投机者进入直播间的主要目的是"占便宜"。顾名思义，他们看到哪个直播间有抽奖活动就会进入直播间，且在抽完奖后就迅速离开。"吃瓜群众"一词来源于网络，一般是用于描绘一种不关己事、不发表意见仅围观的状态。在直播间中，这个群体指的是在各直播间来回切换，遇到有趣的内容和主播就停留观看，但很少购物的人。对于这部分人，主播可以对其进行适当引导，使之在直播间停留更长的时间，或者尝试着将其转化为粉丝。但是整体来说，主播还是应该着重将精力放在铁杆粉丝以及购物者身上，引导其进行消费，避免在娱乐者身上花费太多的时间。

如何创建粉丝分层？

粉丝分层是淘宝直播平台推出的旨在赋能淘宝直播运营、维护粉丝的强大工具系统。用户进入直播间后，可以通过一系列行为积累单个主播的积分值，从而获得该主播的粉丝等级；与此同时，主播也可以根据不同用户达到的等级设置不同的福

亲密度加分项	淘宝分值	淘宝直播APP分值
直播签到	+2分值	+4分值
累计观看4分钟	+4分值	+8分值
累计观看15分钟	+10分值	+20分值
累计观看35分钟	+15分值	+30分值
累计观看60分钟	+20分值	+40分值
关注主播	+10分值（仅限第一次关注）	+20分值（仅限第一次关注）
发表评论	+4分值（单日上限5次）	+8分值（单日上限5次）
分享直播间	+5分值（单日上限5次）	+10分值（单日上限5次）
点赞满20次	+10分值（单日上限1次）	+20分值（单日上限1次）
访问商品详情页	+5分值（单日上限1次）	+10分值（单日上限1次）
每购物达10元	+1分值（最大当前等级上限）	+1分值（最大当前等级上限）

图 6.1 亲密度分值加分规则

图 6.2 案例 A 积分明细

利策略，如铁粉优惠券、钻粉连麦优先权等。

粉丝分层功能在主播进行第一次直播时会自行开通。

在粉丝分层亲密度分值页面中，我们可以看到目前有 8 项行为可以为粉丝与主播的亲密度累加分值，8 项行为的加分量均为系统默认（不同的累计观看时长视为同一种行为）。在此需要注意的是，单个计分行为的计分分值是不变的，但是相同的计分行为如果是在"淘宝直播"App 上进行操作，可以获得在"淘宝"App 上操作的双倍分值。（如图 6.1 所示）。

举例来说，如果主播 A 选择的是系统默认的几项计分值，那么从手机淘宝进 App 入该直播间的用户每天的行为最多能产生的分数总计为 169 分，从"淘宝直播"App 进入该直播间的用户最多能积 338 分（如图 6.2 所示）。

粉丝亲密度是粉丝和主播之间互动的频率指数，是积累和转化粉丝、提高互动数值的利器。粉丝进入单个主播的直播间，进行一系列操作后即可积累淘宝直播的积分值，达到一定的密度分值后就会升级为不同等级的粉丝。积分越多，粉丝等级越高，享有的权利也就越多。开通粉丝分层功能后，淘宝直播平台会根据主播选择的规则自动对粉丝的行为进行计分，随后粉丝群体就被自动分成了新粉、铁粉、钻粉、挚爱粉四个等级（如图 6.3 所示），方便主播进行管理运营。

对应等级	等级数量	分值区间	单个主播亲密度每日上限
新粉	★★★	0~499	200
铁粉	★★★★	500~1499	300
钻粉	★★★★★	1500~14999	400
挚爱粉	★★★★★★	15000+	1000

图 6.3　粉丝亲密度规则

6.3　从尬播阶段起不同阶段的粉丝运营

在主播的直播生涯中，可以根据直播间流量的多少、直播状态的不同等分为不同的阶段，包括尬播阶段、潜水阶段、积极互动阶段、差评出现阶段、流量回落阶段等。不同的直播阶段具有不同的特点，需要根据实际情况来制订不一样的粉丝运营策略。

尬播阶段的粉丝运营

对于新手主播而言，最难熬的日子一定是开播后的第一个月。在这一个月中，主播刚刚开始面对镜头，直播话术还不熟练且粉丝数量少，直播间气氛冷清，因此被称为尬播阶段。其实，无论是目前已经达到较高量级的主播，还是刚开始进行直播的主播，几乎都会经历这样的尬播阶段。所以新手主播不需要因为刚开始的尬播阶段而感到灰心丧气，这只不过是直播的必经之路而已，只要经过一段时间的运营，就能破解这种尴尬的局面。

不过，每个人化解尴尬的方法各不相同。面对尬播局面，有一些主播的化解方法更巧妙、聪明一点，尬播阶段的时间就短一些。另一些主播刚开始可能会找不到头绪，需要花更多的精力来寻找适合自己的方法，所花的时间就会更长一些。有一些主播因为直播间气氛不佳，误以为是自己的商品推荐写得不够吸引人，于是便一心钻研修改商品推荐内容的方法，其实这是无助于解决问题的。在开播的第一个月，主播更应该考虑的是这个直播间如何才能继续存在的问题，以及如何保持和其他直播间的差异性，而不是刚开始就急着卖货。在尬播阶段，不要一开始就将精力放在推荐货品上，最简单有效的化解方法，是找到一个自己擅长的并且可以和粉丝进行互动的点。

因此，面临尬播局面时，主播首先要找到自己擅长的技能，而且这个技能需要带有互动性。没有互动性的技能在直播间中实用性并不是很大，尤其是对于缓解尬播局面帮助不大。比如美食类的主播，最简单的方法就是把制作美食的步骤进行拆分讲解。有很多观众其实是"手残党"，烹饪水平也仅仅停留在煮方便面这一层面。当他们想亲手制作美食时，菜谱上的说明对于他们来说又太生硬，难以理解。他们更愿意跟着美食主播来烹饪食物，在画面和解说的双重指导下更能学到烹饪的精髓。所以，分步骤进行讲解是非常重要的，讲解的步骤越详细，观众越有可能会提出相关的一些问题，这就达到了互动的目的。如果主播只是自娱自乐地进行烹饪，几乎没有步骤讲解，哪怕菜品看起来令人垂涎欲滴，直播间依旧会显得冷冷清清、门可罗雀。

除了美食类主播之外，美妆类的主播也可以使用细致讲解的形式来缓解直播间的尴尬气氛。比如彩妆主播可以通过上课的形式，分步骤细致地向粉丝讲解化妆技巧，如周一的课程为底妆画法、周二为修容提亮、周三为眉形修饰等。这些直播内容经过课程化的拆解，可以给粉丝留下深刻的印象。依据课程表，粉丝会在自己感兴趣的课程内容开播时来到直播间。而且，由于主播的讲解十分细致，包含的干货特别多，对于自己有疑惑的地方，粉丝还会在主播进行讲解时提出问题，这就达到了与粉丝互动的目的。

尬播阶段对主播心智的考验无疑是巨大的。"万事开头难",只要主播能够静下心来钻研直播内容与话术,通过正确的方法引导粉丝互动,适当地进行粉丝运营,就能够顺利度过尬播阶段,迎来"柳暗花明"的新局面。

潜水阶段的粉丝运营

度过第一个月的尬播阶段后,开播的第二个月是主播与粉丝互相吸引的阶段。然而,此时主播要面对的问题就是"粉丝潜水"。"潜水"作为一个网络名词,指的是网友只看帖子不发表言论,在直播中则表现为粉丝只观看,不发言,也不购买。在这一个阶段,粉丝对于主播是感兴趣的,但是由于一些粉丝本身就不喜欢在直播间发言,或者是觉得与主播还不够熟悉,于是就出现了"潜水"的行为。而粉丝运营最重要的就是要与粉丝互动,如果粉丝长期潜水而主播没有采取任何措施的话,直播间可能就会失去这些粉丝。

那么,面对喜欢潜水的粉丝,主播应该怎么做呢?首先,在最开始的阶段,主播需要跟粉丝保持点对点的沟通。在开播后的第二个月,直播间的观看量还不是特别多,因此保持点对点的沟通所花费的精力还在主播可以承受的范围之内。比如每当有一个粉丝进入直播间的时候,主播可以读一下粉丝的ID,并且根据这个ID说句玩笑话,自黑或者是稍微调侃一下粉丝都是可以的。在这种情况下,粉丝就会有一种被主播所关注着的感觉,增加他对主播的熟悉感。主播也可以记一下进入直播间的粉丝的特点,在下一次直播中如果再遇到这位粉丝,就可以根据特点展开聊天。经过这样的运营,可以树立主播亲和、温暖、友善的形象,有利于粉丝积累。

其次,主播还可以通过"翻牌"来与粉丝互动。在直播的过程中,主播需要在适当的时间点告诉粉丝,今天有哪些事情是需要粉丝帮主播完成的,如关注主播有什么福利,或者是帮助主播分享直播间即可参与抽奖等。在早期,当粉丝对主播还不够熟悉时,主播不能光等着粉丝来与自己互动,一定要主动出击,清晰地向粉丝传达自己对他们的重视。经过一段时间的运营,粉丝才会逐渐与主播熟悉起来,也就自然地度过了潜水阶段,开始主动与主播互动。

积极互动阶段

第三个阶段为积极互动阶段,这个阶段相当于情侣之间的"蜜月期"。在这个阶段,建议各位新手主播不断地给粉丝布置任务,因为这个阶段就像是恋爱中的热恋期,一定要让对方觉得自己能够帮助你完成提升直播间相关数据的各项任务。这个阶段会让主播觉得十分省心,因为不需要做太大的努力,直播间的各项数据就会自然上涨。但是,在这个阶段也要趁热打铁,提高粉丝群体的忠实度,万万不可掉以轻心。

在积极互动阶段,主播最重要的是要不断地强化每位粉丝需要做的事情,通过直播话术反复强调让粉丝养成刷数据、打榜的习惯。事实上,这个阶段也是主播培养粉丝的最佳时机。不过,还是要注意不要用力过猛,不要过分强调粉丝需要为主播做的事情。任何付出都是双向的,这也是中国传统文化中"礼尚往来"的精髓所在。主播在请求粉丝为自己刷数据的同时,也要经常提到自己能为粉丝做哪些事情,争取到哪些福利。只有这样,才能让粉丝更死心塌地地支持自己。

差评出现阶段

经过一段时间的运营后,粉丝在直播间购买了主播推荐的产品,当他们收到产品时,主播有可能因为产品的瑕疵或者与预期有差距而收到差评。出于对主播的信任和对产品的喜爱,粉丝才会下单购买,因此当他们发现产品不如预期时,会感到自己受到了欺骗,在直播间留言时语气可能会比较激烈。

面对这种情况,主播首先要做的就是及时回复,安抚粉丝的情绪。举一个案例,"薛大大"是一个成长非常快的主播,在两个多月内涨了20多万粉丝。有一天他在直播的时候,有一位粉丝在直播间投诉他,说某一件衣服的质量有问题。在直播间中,如果出现了负面言论,很容易引起围观,尤其是直播间中还有很多不是主播粉丝的公域流量用户存在,处理不好的话很容易影响直播间的声誉。主播"薛大大"的处理办法就很好,他首先安慰了投诉的粉丝,并且保证在下播后会及时处理,提供换货服务。此时,该直播间的经纪人也把投诉的链接发到直播间内,引导粉丝从其他渠道合理地解决问题,而不是在直播间中不断投诉。

不过,在现实情况中,有时候哪怕主播已经及时安抚,直播间中也可能会出现失控的局面，如其他遇到类似问题的粉丝可能会跟风投诉，或者是出现有人恶意引导舆论的情况。在这种时候，主播一定要先冷静下来，不要急躁。在明确表示会在下播时联系粉丝解决问题后，主播可以用发红包的方式来转移话题，也可以适当进行自黑，缓解气氛。在这一点上，主播"薛大大"就做得很好，他主动给粉丝发了一个红包，同时还开玩笑自黑，调侃自己支付宝里没有钱了，连发红包都需要跟别人借钱。发完红包之后，他再次主动提及投诉的问题，耐心地告诉粉丝，当收到的商品有瑕疵时，不用着急，只需要在投诉链接联系售后进行处理，就一定会得到妥善的解决。经过这一系列的处理流程，直播间的氛围很快就恢复如初，粉丝对主播的信赖也得到了维护。

流量回落阶段

在刚开播的一段时间内，虽然流量还很少，但每天都能看到增长，许多新手主播会觉得信心满满。不过，经过一段时间，当粉丝热情消退的时候，流量就会出现回落现象。一些主播在这个阶段会觉得十分沮丧，怀疑自己的能力，但其实这是很正常的，流量有起有伏，正如主播的状态有高有低，都是自然而然的事情。此外，在大型促销活动过后，如"双11""双12"等，流量也会出现回落。那么，流量回落的时候主播应该怎么办呢？

在流量开始回落时，主播首先要思考的是流量回落的原因是什么。如果只是由于大型促销活动的结束，这种回落属于正常现象，不需要特别进行处理。如果是由于粉丝给产品的差评导致的，主播就需要在招商时提高门槛，选择一些质量好、款式佳的产品，只有从根源解决问题才能重新获得流量。如果是直播内容过于无聊，使粉丝觉得索然无味，没有观看直播的动力，就需要主播重新规划自己的直播内容，设计有吸引力的直播内容脚本，吸引粉丝观看。只要弄清楚直播间流量回落的原因，就能制订相应的策略来应对。

其实，出现流量回落现象的时候更应该回归初心。在这个时刻，主播可以问一问自己，一开始为什么会这么受人喜欢？在专业能力上有哪些特质吸引了粉丝的目光？思考过后，主播可以更清晰地认识自身，明白自己的长处与短板，同时也就可以不断地完善自己擅长的技能，更好地和粉丝互动。回归初心，最重要的就是要把之前擅长的方向做得更好，恢复之前吸引粉丝的状态，才能让流量"更上一层楼"。主播也可以分析一下最近流行的趋势，在推荐时更多地选择时下热门的产品，或者只是单纯地分享一些热门搞笑视频，推荐热门电视剧等。总之，在流量回落的阶段，主播一定要稳住自己的心态，冷静地分析问题症结所在，才能更好、更快地解决问题。

不同的阶段会出现许多不一样的问题，有一些问题看起来无足轻重，但是若没有得到妥善的解决，最终可能会导致主播的努力全都付诸东流；而有一些问题看起来十分棘手，只要找对了症结和方法，一样可以轻松地解决。粉丝运营，严格来讲并不是要操控粉丝，其核心在于真正地把粉丝当成自己的朋友、家人来对待。人类之间的情感是可以互相传递和影响的，当你把粉丝当成朋友或家人时，粉丝也会回报你家人、朋友之间的陪伴。

当然，这一部分内容只是简要地介绍了在不同直播阶段应该如何进行粉丝运营，在具体实践中还会出现更多的状况，需要主播们用一颗强大的心和对事业、对粉丝的热爱去面对。

后记

有人说，淘宝主播是一个能创造奇迹的职业，几个小时就能创造上千万元的交易额；也有人说，淘宝主播是一个苦差事，错过了平台上升期的风口，就很难再跻身头部主播的行列了。对于现在才考虑进入淘宝直播行业的新手主播来说，当下真的不是一个好的时间点吗？其实未必。

这世上本没有免费的午餐，无论选择哪个行业，都不可能轻轻松松地取得成功。那些在淘宝直播平台内测时期就进驻的主播，确实享受到了平台上升期的福利，随随便便就能获取大量流量，并在竞争还未如此激烈的时候就积累了一大批粉丝。但是，他们在背后付出的努力其实不比其他人少。能在直播行业刚开始发展的时候就敏锐地察觉出这个行业的潜力，这种高瞻远瞩的眼光本身就是一种非凡本领。同时，淘宝直播领域的很多行业经验也正是由这些头部主播一点一点地摸索出来的。"前人栽树，后人乘凉"。这些经验为刚进入淘宝直播行业的新人提供了许多借鉴，使他们少走了很多弯路。而且，对于现在成为淘宝主播的新人来说，虽然当下不是平台快速发展的时期，但是平台的前景与潜力仍是巨大的、不容忽视的。立足于中国内地庞大的市场，淘宝直播依然是一个未来可期的平台，也是众多电商中最具实力的平台之一。因此，现在选择成为淘宝主播为时未晚。

不过，尽管有着巨大的发展潜力和超强的平台支撑，淘宝主播却不是一个轻松的职业。虽然大部分主播一天只上播六小时，但是他们的工作时间却远不止这些。除去上播时间之外，主播还要花时间揣摩直播间的运营之道，撰写直播内容脚本，与团队协商产品事宜等，甚至有时候还需要跟进售后事宜。做完上述这一系列工作后，休息时间往往已经所剩无几了，这就要求主播要有"超强续航"的能力。所以，要想成为一名淘宝主播，光有激情是不够的，一定要有足够的恒心和持久的耐力，才能真正将直播间做大做好。

　　本书脱胎于本人近年来在淘宝直播领域的实战经验，是在梳理多位主播的成长历程基础上，将具体措施归纳为理论，总结而成的。可以说，我是看着淘宝直播如何一步步发展壮大到今天的规模的。而且，由于本人从事的恰好是网络红人孵化的相关工作，因此是以当局者的视角来观察这个行业的发展脉络的，而非以雾里看花、不知其所以然的局外人视角。因为身处其中，所以才敢说自己对于这个行业略有一些见解。当然，关于淘宝直播的运营，除了本书提到的理论、方法，其实还有很多值得探索的地方。本书只是作为入门级指南，希望能帮助有意愿成为淘宝主播的朋友或者仍处于新手主播阶段的朋友，解答他们的一些疑惑，使他们更快地融入这个行业中。

　　在新时代的大背景下，日新月异的变化可能会使淘宝直播从业者感到惶恐，担心自己赶不上潮流，会为时代所抛弃。然而，只要肯努力，且找准方向、找对方法，就一定能够在直播行业的竞争中赢得先机。前方道阻且长，愿与各位主播一起努力，共同奋斗！